Matthias Schröder
„God is a DJ"

Matthias Schröder

„God is a DJ"

Gespräche mit Popmusikern über Religion

Aussaat

2. Auflage 2001
© 2000 Aussaat Verlag
Verlagsgesellschaft des Erziehungsvereins mbH, Neukirchen-Vluyn
Titelgestaltung: Hartmut Namislow
Satz: DTP/Aussaat
Druck: Breklumer Druckerei Manfred Siegel KG
Printed in Germany
ISBN 3-7615-5019-7
Bestellnummer 155 019

Inhalt

Vorwort 7

Cappuccino
„Sich lockermachen und ein besserer Mensch werden" 11

Henning Wehland – H-Blockx
„Sehnsucht nach Gewißheit" 20

Hipp Mathis – Die Aeronauten
„Teil von einem großen Ding zu sein" 32

Jan-Heie Erchinger – Jazzkantine,
Blue Knights, DeutschlandPhunk!
„... rationaler und gläubiger Mensch zugleich!" 44

Moby
„Ich liebe Christus, aber die Christenheit bedeutet mir im Moment nichts" 56

Sven Regener – Element of Crime
„Die besten Momente sind da, wo man in der Musik ist" 68

Tachi Cevik – Fresh Familee, Jazzkantine
„Es gibt diese Kraft, und vielleicht komme ich ja irgendwann dahinter" 87

Tom Liwa
„Die Angst, es zu verlieren, wertet alles auf, was ich hab" 99

Xavier Naidoo
„Ich hab einfach Angst vor Gott" 114

The King
„Fröhliche Totenmessen" 135

Tilman Rossmy
„Religion beschreibt die innere Welt" 140

Moses Pelham
„Geteiltes Leid" und „Lieder zum Trost" 150

Rocko Schamoni
„Obdachlose helfen Großindustriellen" 161

Oliver Schneider – Such A Surge
„Harmonie und Hoffnung" 172

Maxi Jazz – Faithless
„Meine eigene Kraft" 181

Nana
„... etwas mitteilen, das auch Sinn macht" 193

Ice-T
„Gute Energie" 201

David Gappa – H-Blockx
„... diese Stimme, die dir antwortet" 206

Biographien – Diskographien 216

Fotonachweis 223

Vorwort

Der Tübinger Theologe und Germanist Karl-Josef Kuschel veröffentlichte zwei Interviewbände[1], für die er Schriftsteller zu ihrem persönlichen Glauben, ihrer Stellung zur Kirche, zur christlichen Botschaft und zur Person Jesu Christi befragt hatte. Ausgangspunkt der Gespräche waren das individuelle Werk, Selbstzeugnisse oder literarische Texte der Schriftsteller, die im persönlichen Gespräch erläutert und vertieft wurden.

Von diesen Büchern angeregt, entstand das Projekt, zum gleichen Thema mit modernen „Popstars" (im weitesten Sinne) ins Gespräch zu kommen. Dabei ging es mir nicht um fromme Bekenntnisformeln im Sinne kirchlicher Lehren, sondern um individuelle, authentische Gedanken über eigene Glaubensansichten und Lebensentwürfe, ungeachtet dessen, wie konform sie mit kirchlich verfaßten Religionen laufen. Denn auch in der Popmusik lassen sich in vielfacher Hinsicht religiöse Elemente finden – sei es nun direkt oder indirekt; in den Texten, in dem Erleben, der Erfahrung, in der Verehrung oder auch in der Inszenierung von Stars...

Diese Sammlung will einen Beitrag zur Diskussion über „Religion und Popmusik" leisten, indem sie Popmusiker selbst zu Wort kommen läßt. Ausgehend von entsprechenden Texten und Interview-Äußerungen entstanden die hier gesammelten Gespräche, die einerseits als Hintergrundinformationen zu bestimmten Songs und Künstlern dienen können, aber – wenn man mit dem Gesprächspartner und seiner Musik nicht vertraut ist – auch für sich genommen anregende Gedanken zum Thema dokumentieren. Bei der Auswahl der Gesprächspartner orientierte ich mich zunächst an religiösen Elementen im Werk der jeweiligen Künstler. Nicht alle Künstler, die ich angesprochen habe, waren zu einem solchen Gespräch bereit[2], und persönliche Bekanntschaften und Vorlieben mögen auch ihr Scherflein dazu beigetragen haben, daß diese Sammlung in keiner Weise repräsentativ ist. Jedoch findet man sowohl musikalisch als auch religiös eine große Bandbreite; Dance Acts stehen neben Crossover-Künstlern; Soul-Sänger, HipHopper und Pop-Rapper stehen neben Underground-Bands und Songwritern im klassischen Sinne. Neben einem breiten Spektrum von Musikern unterschiedlichster christlicher Prägung finden sich auch bekennende Moslems und ein Buddhist.

Die Gespräche wurden im Laufe der letzten anderthalb Jahre geführt. Sie wurden anschließend von mir redigiert und von dem jeweiligen Gesprächspartner gegengelesen und ggf. leicht überarbeitet. Dabei wurde darauf geachtet, den Gesprächsfluß möglichst authentisch und gut lesbar beizubehalten. Ich habe mich auch bemüht, bei Fragen zu konkreten Songs entsprechende Zeilen zu zitieren, so daß der Zusammenhang deutlich wird. Und vielleicht wird der eine oder andere ja auch neugierig, ebenjene Stücke selber kennenzulernen...

Ganz herzlich bedanken möchte ich mich bei allen beteiligten Musikern für ihre Gesprächsbereitschaft und Offenheit. Obwohl für sie Interviews an sich ja Routinesache sind, war es für viele von ihnen Neuland, sich dergestalt zu öffnen und diese Gedanken nach außen zu tragen. Dabei gilt es zu bedenken, daß die hier dokumentierten Äußerungen jeweils gegenwärtige Ansichten und Überlegungen meiner Gesprächspartner sind, die sich im Lichte neuer Erfahrungen natürlich wandeln können.

Ob zu Hause oder unterwegs im Nightliner, ob im Backstage-Raum vor dem Konzert oder im Büro der Plattenfirma – es waren durchweg sehr angenehme und anregende Begegnungen (oft begleitet von tollen Konzerten)!

Weit mehr, als es übliche Freundlichkeit oder Geschäftsinteressen verlangt hätten, unterstützten mich auch MitarbeiterInnen der Plattenfirmen bei der Vorbereitung der Gespräche. Dafür danke ich Jessica Müller (monofon), Isabella Zanki und Tatjana Stein (3p), Silvia Vrihjdags (Booya Music), Uwe Moszgallik und Uwe Gerster (Intercord), Anne Berning (AlterNation), Charlotte Goltermann und Gerne Poets (L'Age D'Or), Heike Ludwig (EMI), Fabian Drebes (V2), Axel Horn (Such A Surge) und ganz besonders Christian Göttner & SUBWAY!

Außerdem möchte ich mich für ihre Anregungen und Unterstützung bei Hans-Martin Gutmann, Gotthard Fermor, Harald Schroeter, Edith Stallmann, Reiner Thies und Imke Heidemann bedanken.

In besonderem Maß hat Paul Jacobs mit seinem gründlichen Lektorat zu diesem Band beigetragen; Ilja Meß verdanke ich hervorragende Fotos.

Besondere Grüße auch an die Jason Bros., Olifr M. Guz (Die Aeronauten) und Fink.

Dortmund, im Januar 2000   *Matthias Schröder*

---

[1] Karl-Josef Kuschel, „Weil wir uns auf dieser Erde nicht ganz zu Hause fühlen – 12 Schriftsteller über Religion und Literatur" (1985), sowie „Ich glaube nicht, daß ich Atheist bin – Neue Gespräche über Religion und Literatur" (1992).

[2] Daß sich hier keine Gespräche mit Popmusikerinnen wie z.B. Sabrina Setlur oder Lauryn Hill dokumentiert finden, ist bedingt durch organisatorische oder auch persönliche Gründe seitens der Künstlerinnen.

Cappuccino

„Sich lockermachen und ein besserer Mensch werden"

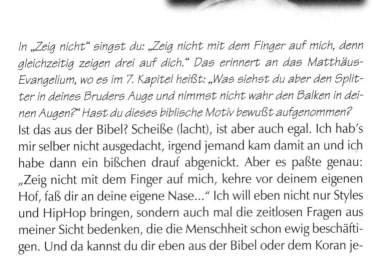

In „Zeig nicht" singst du: „Zeig nicht mit dem Finger auf mich, denn gleichzeitig zeigen drei auf dich." Das erinnert an das Matthäus-Evangelium, wo es im 7. Kapitel heißt: „Was siehst du aber den Splitter in deines Bruders Auge und nimmst nicht wahr den Balken in deinen Augen?" Hast du dieses biblische Motiv bewußt aufgenommen?
Ist das aus der Bibel? Scheiße (lacht), ist aber auch egal. Ich hab's mir selber nicht ausgedacht, irgend jemand kam damit an und ich habe dann ein bißchen drauf abgenickt. Aber es paßte genau: „Zeig nicht mit dem Finger auf mich, kehre vor deinem eigenen Hof, faß dir an deine eigene Nase..." Ich will eben nicht nur Styles und HipHop bringen, sondern auch mal die zeitlosen Fragen aus meiner Sicht bedenken, die die Menschheit schon ewig beschäftigen. Und da kannst du dir eben aus der Bibel oder dem Koran je-

de Menge Anstöße holen – eben nicht nur aktuelle Geschichten, wer gerade hip oder hop, top oder flop ist.

Bist du religiös erzogen worden?
Überhaupt nicht. Ich hab mir das dann nach und nach selber irgendwie angeeignet. Ich glaube an Gott, und ich glaube auch, daß wir alle daher kommen, aber ich möchte trotzdem auch immer die andere Wissenschaftsseite anhören und halt beides für mich verarbeiten.

Du sagst, du bist „deiner Auffassung nach Moslem" – was bedeutet das?
Daß meine Bibel halt der Koran ist, in dem ich gute Sachen gefunden habe, die mich und mein Leben weiterbringen. Und ich habe eben auch mit der christlichen Kirche, dem Vatikan und so, überhaupt nichts zu tun. Wir haben jetzt 1999, und da muß man sich auch langsam mal an die Zeit anpassen. Im Koran ist das in meinen Augen kein Problem, aber im Vatikan steht halt noch der Papst und verbietet Geburtenkontrolle, während Afrika eine Überbevölkerung bis zum Gehtnichtmehr hat.
Ich meine, im Prinzip geht es immer um das gleiche: Es geht um Gott und die Menschheit. Und der Koran gibt halt für mich in fast jedem Punkt die beste Auskunft. Ich bin auch kein wirklich guter Moslem: Ich trinke noch ein bißchen Alkohol, gebe auch immer Gas ... aber ich versuche es halt.

Wenn du der katholischen Kirche vorwirfst, sie sei der Zeit weit hinterher – es gibt ja nun auch islamische Staaten, die sehr fundamentalistische Strukturen haben und wo die Religion die Politik diktiert.
Das ist natürlich auch wieder Scheiße. Da sind halt ein paar Typen, die haben Kohle, Macht und ihre Armeen und können dann natürlich dem „dummen Volk" auch schnell irgendwas verkaufen. Man kann auch den Koran unterschiedlich interpretieren. Natürlich kann man das auch verdrehen und auf anderen Schlagwör-

tern rumreiten. Aber ich denke, in der Religion gibt es keinen Zwang. Und das ist das, was alles ausmacht: Geht los, sucht euch eure Religion – aber im Endeffekt geht es um die eine gute Sache. Vielleicht sind es ja auch zwei Götter, wer weiß, vielleicht ist es ja auch eine schwarze Frau, wer weiß das schon so genau – aber bleibt alle cool!

Das ist halt ein Gesamtmenschheits-Problem: Entweder reißen sich alle am Riemen und sagen: „Hey, es geht nicht, daß hier auf der Welt am Tag tausend Kinder verrecken und auf der anderen Seite spielen Leute Golf um fünfzigtausend Mark", oder es kloppen sich halt alle weiter und gehen zusammen den Bach runter. Und das finde ich halt im Koran. Das ist auch in der Bibel drin, klar, die ist auch ein „gutes Buch".

Dieses Christen-Moslem-Ding – einerseits kann ich das gut verstehen: Die Moslems wachsen da unter sich auf, werden auch immer gut abgeschirmt von schlechten Sachen, und das kann man ja auch verstehen: „Mein Kind soll eben auch nicht in der Spielhölle landen, soll kein Fixer werden", wenn du 'ne Tochter hast, möchtest du nicht, daß sie mit jedem rumbumst – und da achten die halt drauf. Und Amerika, guck mal: Es ist ein christliches Volk, und du hast überall Puffs, Drogen, es geht nur ums Geld. Da kriegen die Moslems schon Schiß, wenn sie das sehen – und reagieren über: „Wir müssen uns verteidigen, unseren Gott, unseren Glauben, unsere heile Welt, unsere Kinder..." Ich stehe aber keinesfalls auf der Seite der Fundamentalisten.

Bist du in eine Koranschule gegangen?
Nee, ich kenne halt viele türkische Leute, die Moslems sind, und da kam das dann. Ich habe den Koran auch nicht ganz durchgelesen, aber ich glaube: Das ist mein Ding. Wenn ich darin nachgucke, geht's mir besser. Obwohl natürlich viele Aspekte drin sind, die man für die heutige Zeit „umschreiben" müßte. Das wird halt die Menschheit immer verfolgen.

Ich versuche mir die guten Seiten des Lebens reinzuziehen. Und da hat der Koran bewirkt, daß ich diesbezüglich ein bißchen klarer komme.

Hast du dich auch mit der Bibel auseinandergesetzt?
Ja, auf jeden Fall. All diese ganzen Sprichwörter z.B., die man kennt, sind ja oft aus der Bibel. Ich war meiner Meinung nach ja auch schon ewig „normal gläubig", habe auch an Gott geglaubt, und hätte ich mich irgendwo zuordnen müssen, dann hätte ich mich als Christ gesehen. Ich hatte auch das Jesuskreuz hängen, habe dann aber gemerkt: Für dich ist es der Koran. Ich habe viel darin und auch darüber gelesen und gesehen, daß meine türkischen Freunde im Prinzip auch nicht anders als die Christen sind, aber ihren Glauben irgendwie noch ein bißchen ernster nehmen. Ich meine, wenn heute einer sagt: „Gott sei Dank", dann denkt er nicht an Gott. Aber wenn ich sage: „Allah, ich danke dir", dann hat das für mich einen viel ernsteren Wert, das ist dann eben nicht so 'ne typische Phrase.

Du hast eben gesagt, du wärst kein wirklich guter Moslem. Wie lebst du deinen Glauben denn?
Wenn ich wirklich abtreten und Rechenschaft ablegen muß, bin ich schon irgendwie gearscht. Ich trinke Alkohol, habe mich tätowieren lassen, habe Drogen zu mir genommen, ich habe auch gehurt (lacht) ... Aber der Weg ist das Ziel, und es geht darum, ein guter Mensch zu werden, eine Familie zu haben, vielleicht ein bißchen was zu hinterlassen und alles ein bißchen gut hingekriegt zu haben. Ich bin halt ein schwacher Mensch.

Glaubst du daran, daß dein Leben in irgendeiner Form vorbestimmt ist?
Ich denke, es gibt immer nur Wegweiser. Du hast immer die Wahl, das Gute oder das Schlechte zu tun. Und du hast für beides immer ein paar Gründe, wie Engelchen und Teufelchen, die auf deiner Schulter sitzen. Und ich versuche mich halt an Engelchen zu halten.

Kann man das irgendwie beschreiben: Ist Allah eher eine Person oder eine Kraft?

Beschreiben kann man das, glaube ich, nicht. Es steckt in jedem von uns drin. Entweder du findest zu Gott und sagst: „Okay, ich versuch mein Leben auf Gott hin, also einfach *das gute Leben* zu führen." Oder du sagst: „Ich bin ein Egoist. Bescheiße meine Versicherung, klaue, mir ist egal, was mit den anderen passiert – Hauptsache, *meine* Taschen sind voll."

Ich bin halt ein Typ gewesen, der, wenn er einen Wald gesehen hat, gesagt hat: „Alter, plattmachen, betonieren, Spielhallen drauf, mitnehmen!" Das war meine Einstellung vor zwei, drei Jahren: „Was soll ich mit mir selbst, gib mir Spiele ..."

Man muß sich halt mal umgucken und das zu schätzen lernen, vom Geld loskommen. Du mußt natürlich schon sehen, daß du weiterschwimmst und den Kopf über Wasser hältst, aber man sollte eben nicht „anything for money" machen. Man muß sich auch mal umgucken und fragen: Warum bin ich überhaupt hier?

„Die letzten zwei, drei Jahre", sagst du?

Ja, ich bin halt 22 Jahre dem Geld hinterhergeastet, wollte halt immer ein bißchen mehr Kohle haben. Und dann hat's halt funktioniert, und ich habe das Geld jetzt einmal gesehen und gemerkt: „More money, more problems." Und wofür?

Ob ich nun ein größeres Haus habe oder ein schnelleres Auto, das macht mich nicht wirklich glücklich. Du mußt halt deine innere Ruhe finden und mit allem zufrieden sein können. Ich habe ziemlich weit nach unten gesehen und ich habe jetzt ziemlich weit nach oben gesehen, und ich merke: Ich komme überall gut klar. Dann kann also Geld nicht unbedingt das sein, dem ich wie verrückt hinterherjage. Du kommst mit nichts, und du gehst mit nichts, und die Hauptsache ist, du hast in der Zwischenzeit ein paar gute Sachen gemacht und ein paar Leuten wirklich was bedeutet.

Ist das der Sinn des Lebens?
Keine Ahnung. Man streitet sich den ganzen Tag über so viele Sachen – ist auch völlig okay, denn das bringt die Menschheit weiter. In der ganzen Hetzerei darf man aber nicht vergessen: „Denkt alle dran: Es ist irgendwann auch mal vorbei!" Man sollte einfach dankbar für das Leben sein, auch mit weniger auskommen und alles ein bißchen genießen, gerade in Deutschland.

Du gehst also auch nicht in die Moschee?
Nee, es ist schon so, daß ich da schon gerne mehr machen würde, aber ich fühle mich da manchmal auch so'n bißchen als Außenseiter, ich habe auch wenig Zeit, es ist keine Moschee hier in meiner Nähe... Ich bete auch nicht fünfmal am Tag, wie es ein guter Moslem tun sollte. Ich bin ein 24jähriger in Deutschland, und das sind auch andere Sitten. Ich habe zwar moslemische Freunde, aber das sind auch nicht die Frommsten, und in der Musikwelt geht's eh weniger um Gott. Das heißt, ich habe halt die Gemeinde nicht so. Das wäre in der Türkei ganz anders. Hier lebe ich eben in einem ganz anderen Umfeld.

Im Islam ist die Rolle der Frau ja ein umstrittenes Thema, Stichwort Kopftuch, Unterdrückung etc. Setzt du dich auch damit auseinander, oder ist das für dich kein Thema?
Ich finde, wir können das hier nicht so richtig beurteilen, denn das ist in Deutschland schon wieder ein bißchen anders. Daß allerdings in Deutschland eine Lehrerin nicht unterrichten darf, nur weil sie ein Kopftuch trägt, finde ich eine Frechheit. Das dürfte eigentlich kein Problem sein.
Jede muslimische Frau muß für sich selbst entscheiden, ob sie ein Kopftuch trägt.

Viele jüngere Mädchen erleben durch strenge Erziehung in der Schule ja eine Ausgrenzung: kein Sportunterricht, kein Schwimmunterricht, keine Klassenfahrten.

Das ist schade, da sollte man ein bißchen lockerer werden. Wir haben in den letzten dreißig Jahren eben eine enorme Entwicklung gemacht, und natürlich hat die auch schlechte Seiten, und es gibt sehr viel Übel auf der Welt. Aber das Kopftuch abzulegen kann halt für die Integration schon hilfreich sein. Nicht für die Integration ins Christentum, das wird von vielen Moslems ja sehr schnell falsch verstanden: „Sobald wir das Kopftuch ablegen, werden wir vom Westen überrannt und haben Spielhöllen, Drogen usw. vor der Haustür." Da muß man unterscheiden: „Okay Fatima, nimm das Kopftuch ab, geh schwimmen, fahr auf Klassenfahrt, aber du weißt: Wenn ich irgendwas höre, gibt's halt was vors Brett." Das liegt ja immer auch an der eigenen Erziehung. Und da müßten manche Väter halt schon lockerer werden.

Und hat sich durch deinen Glauben auch dein Verhalten geändert?
Du hinterfragst halt Dinge. Wenn einer jetzt 'nen Lauten macht und erzählt, wie geil er ist und wie schlecht andere sind, dann hätte ich normalerweise gesagt, „du kriegst 'n paar", weißt du? Und wenn ich locker bin, hinterfrage ich erst mal: „Was passiert denn da gerade? Da ist ein Mensch, der sich profilieren will. Okay, hat er das freie Recht zu, solange er keine Leute persönlich angreift oder handgreiflich wird." Dieses Nachdenken wird halt in vielen Situationen noch mal so ein bißchen angemahnt.
Den eigenen Willen unbedingt bis zum Ende durchziehen zu wollen, immer recht behalten wollen, sich sofort auf die Hinterbeine zu stellen – das kommt halt seltener vor.

Du hast mir mal erzählt, daß der Tod deines Großvaters für dich ein sehr prägendes Ereignis war. Inwiefern hat sich das auf deinen Glauben ausgewirkt?
Da war ich eigentlich schon so weit, daß ich in meinem Glauben nur noch tiefer bestätigt wurde. Vor anderthalb Jahren ging das halt los, diese Moslem-Geschichte, und ich hatte damals eine türkische Freundin, die ich auch heiraten wollte. Und am gleichen

Tag, als ich vom Tod meines Opas erfahren habe, war mit der auch Schluß.
Und ich hatte mich natürlich auch schon selber gefragt: „Alter, bist du wirklich sicher mit diesem Moslem-Ding? Beeinflußt das dein Leben zu stark, machst du da irgendwas falsch, hast du vielleicht nur 'ne türkische Freundin, weil du glaubst, du bist Moslem? Oder umgekehrt?" Und dann war die Freundin weg, also das Türkische oder Moslemische, das mir am nächsten stand, aber mein Glaube war noch da. Und mein Opa ist gestorben, sprich: Mir wurde da jemand genommen, und trotzdem war mein Glaube immer noch da. Und das hat mich doppelt bestärkt, daß ich damit gut bedient bin.

Ist der Tod demnach für dich ein ganz normaler Teil des Lebens?
Ganz klar. Der Tod gehört zum Leben dazu wie die Geburt. Und das Leben ist halt ein Abschnitt zwischen zwei Bereichen, die keiner genau bestimmen kann. Die auch mit der Wissenschaft nicht genau zu erklären sind, sondern wo offene Fragen bleiben: „Warum lebt man?" „Warum suchen die Leute schon immer nach einem Sinn des Lebens?" „Wo sind wir?" „Sind wir das Größte?" Es ist eben alles ein Kreislauf.

Aber du glaubst, daß nach dem Tod noch irgend etwas kommt?
Ich glaube nicht, daß das hier alles ist. Ich glaube nicht, daß Gott uns in die Welt gesetzt hat, damit wir nach dem Tod nicht mehr existieren. Sondern wir sollen etwas lernen, hundertprozentig.

Sind demnach in deinen Augen alle Religionen gleichberechtigt?
Ja, ich bin da auch irgendwie Phantast: „Ihr wißt doch alle, es gibt nur einen Gott – warum kachelt ihr euch dann so an?" Der guckt sich das von oben an und sagt: „Solange die noch mit der Frage zu tun haben, ob's überhaupt einen gibt, haben wir noch Zeit." So kann ich mir das manchmal vorstellen, denn was sind das für Pro-

bleme, mit denen sich die Menschen herumschlagen? Guck dir Kinder an: Gute oder böse Menschen erkennen die sofort. Und je älter man wird, desto schlechter wird man – nicht unbedingt, denn man hat ja immer die Entscheidung. Aber oft geht man dem eigenen Konsum nach, weil man ja auch in einer Konsumgesellschaft groß wird. Man hat eigentlich einen guten Grundgedanken, glaube ich, aber anstatt insgesamt globusmäßig mehr zu tun, verzetteln sich alle Länder und alle Menschen in ihren eigenen unbedeutenden Einzelinteressen. Ich glaube, man könnte viel mehr tun; Gelder ganz anders umverteilen, anderen helfen ... Es kann nicht das Ding sein, daß Amerika, Deutschland und ein paar andere immer reicher werden, während andere immer ärmer werden. Irgendwann wollen die auch was ab, und so viel Stacheldraht kannst du gar nicht kaufen, um die Armen draußen zu halten.

Fühlst du da als Popstar irgendeine besondere Verantwortung, das auch rüberzubringen?
Schreiben ist wiederum ein anderes Ding. Manchmal schreibst du auch einen Haß-Song auf irgend jemanden – du hast es ja nur geschrieben... Du wünschst es dem anderen vielleicht gar nicht unbedingt, sondern hast einfach nur mal Gedanken rausgelassen. Aber sobald ich das aufgeschrieben habe, daß ich jemandem in die Fresse hauen möchte, habe ich mein Ventil schon geöffnet und meine Aggressionen rausgelassen. Und nun versuche ich aber auch, rauszufinden, was ich denn nun hasse. Ich hasse eigentlich nie den einzelnen Menschen, sondern nur seine Eitelkeit, seine Intoleranz oder so etwas. Und dann versuch ich eben, etwas über Intoleranz zu schreiben, was dann jeder jetzt versteht.
Und manchmal bin ich auch wieder nur der 24jährige Karsten Löwe, der sich fragt: „Mist, was habe ich denn mit den Problemen der ganzen Welt zu tun?"

Henning Wehland

– H-Blockx

„Sehnsucht nach Gewißheit"

Siehst du dich als einen religiösen Menschen?
Ich denke, schon. Allerdings bin ich nicht christlich im kirchlichen Sinne. Vieles in der Bibel und an Jesus Christus ist mir da schon sehr nahe. Es ist nur so, daß ich das Problem darin sehe, zu sagen: „Ich glaube an Gott", weil dann gleich gewisse Bilder bei meinen Zuhörern entstehen. Ich glaube sowohl an das absolut Gute – das würde ich mit Gott bezeichnen – als auch an das absolut Böse – das würd' ich mit dem Teufel bezeichnen. Ich glaube halt, daß

beides in mir als Menschen steckt und daß meine Persönlichkeit auch aus beidem besteht. Es liegt an mir, was ich jetzt in mir stärker gedeihen lasse. So glaube ich eben auch, daß das Böse, das in der Welt geschieht, durch den Menschen beeinflußbar ist. Das heißt, wenn man wirklich so will, kann Gott es auch nur durch das Instrument der Menschen schaffen.

Gott verstehe ich nicht als jemanden, der da oben sitzt und wie auf'm Schachbrett die Menschen auf 'ner Landkarte hin- und herschiebt und entweder nett oder böse zueinander sein läßt. Ich glaube eher an etwas Verbindendes zwischen dem absolut Guten und an etwas Verbindendes zwischen dem absolut Schlechten.

Würdest du sagen: Die Welt ist chaotisch, weil eben beides da ist, und nun liegt es am Menschen, Ordnung in das Chaos zu bringen und das Gute durchzusetzen?

Ich glaube gar nicht mal, daß die Welt so chaotisch ist. Ich glaube eher, daß der Mensch sie so chaotisch macht. Das merke ich zumindest letzten Endes auch an mir; Ordnung geht ja immer auch vom Kopf aus. Bevor der Mensch auf die Welt kam, gab es eine gewisse Ordnung, innerhalb derer sich die Welt selbst geregelt hat. Das Chaos ist dadurch entstanden, daß wir Menschen versucht haben, immer mehr uns diese Ordnung untertan machen zu wollen, schätze ich mal.

Das ist dann ja eine ähnliche Haltung wie das, was in der Geschichte von Garten Eden und Sündenfall ausgedrückt wird: Ein paradiesischer Urzustand gerät durch das Eifern des Menschen aus dem Gleichgewicht, und die Probleme nehmen ihren Lauf ...

Das Christentum an sich, oder auch die Geschichte von Jesus Christus, halte ich ja nicht prinzipiell für falsch. Zu großen Teilen glaube ich auch an die Werte, die in der Bibel vermittelt werden. Aber nicht in der Form, wie sich die Kirche das zunutze gemacht hat. Nicht in Form von Religion, sondern in Form von Glauben. Weißt du, was ich meine?

Das ist ja eine Sache der Begriffsklärung. Im Gegensatz zu Kirche könnte man Religion ja auch definieren als dieses Grundbedürfnis der Menschen, nach Sinn zu suchen. Oder mit Paul Tillich gesprochen: „Religion ist das, was den Menschen unbedingt angeht." Was ihn im tiefsten Innern bewegt.

Das ist dann ja nichts anderes, als ich mit „Glaube" bezeichnet habe.

Das ist jetzt ja das Problem, was du vorhin angesprochen hast: Sobald man „Gott" sagt, tauchen die verschiedenen Bilder auf, und man muß erst mal klären, was man darunter versteht.

Um noch mal auf Tillich zurückzukommen: Damit kann ich mich insofern identifizieren, als daß ich sage: Die für mich annehmbare Religion ist deckungsgleich mit meinem Glauben und nur auf das beziehbar, was aus mir selbst kommt. Sobald ich versuche, es zu verallgemeinern und zu dogmatisieren, kommt man zu einem Problem. Und das war eben die Definition von Religion, die ich bisher gekannt habe – nämlich daß man versucht, viele verschiedene Leute unter den Deckmantel einer bestimmten Religion zu zwängen. Und wenn Religion eigentlich das ist, was mich persönlich direkt gerade angeht, dann kann ich ja nicht sagen: „Meine Religion ist gleich der deinen", weil ich nicht von dir verlangen kann, daß die Dinge, die mich persönlich was angehen, auch dich unbedingt angehen.

Demnach könnte es dann Dogmen überhaupt nicht geben.

Sie schränken auf jeden Fall unheimlich stark ein. In gewissen Bereichen muß es Dogmen geben, muß es zumindest leider Regeln geben, aufgrund der Tatsache, daß es mittlerweile so viele Menschen auf der Welt gibt, wir so eng zusammenleben, daß wir ein gewisses Regelwerk brauchen, um halt 'ne größtmögliche Freiheit für jedes Individuum garantieren zu können. Aber auf politischer Ebene und nicht auf ideologischer oder geistiger Ebene.

Du hast in Amerika Erfahrungen mit dem Fundamental-Christlichen gemacht; hat dich das abgestoßen?
Nee, ganz im Gegenteil: Während ich drüben war, hat mich das sehr fasziniert. Ich sag ja, ich war immer schon fest davon überzeugt, daß es Gott gibt. Nur wie er aussieht, war mir nicht ganz klar. Und da war ich jetzt in einer Familie, die mir genau sagen konnte: „Paß auf, das sieht soundso aus!" Die mir angebliche Beweise geliefert haben wie diese Tonbandgespräche; wie meine Gastmutter, die angeblich persönlich mit dem Teufel gekämpft hat, und die haben mir letzten Endes aber auch immer gesagt: „Henning, es ist wichtig, daß DU dich mit Gott auseinandersetzt, daß DU in der Bibel liest und daß DU den Weg zu Gott findest!" Irgendwo haben die dann auch mit den Grundstein dafür gelegt, daß ich den Mut gekriegt habe, darüber nachzudenken, wie Gott für mich aussieht, und daß ich auch den Mut gehabt habe, dieses Bild zu vervollkommnen. Im nachhinein habe ich einfach nur gemerkt, welchen Mechanismen sie verfallen waren und was sie mit einem sechzehn –, siebzehnjährigen Jungen, der eigentlich noch überhaupt kein Rückgrat hatte, auch alles anstellen konnten, welche Ängste in ihm großgeworden sind. Daß ich plötzlich gewisse Dinge nur noch gemacht habe, weil ich Angst hatte, in die Hölle zu kommen, wenn ich sie nicht machen würde. Und das ist nicht meine Auffassung von Leben. Keiner von uns weiß, wo wir herkommen und wo wir später einmal hingehen werden. Da kann eben auch keiner von uns verlangen, wir müßten uns soundso verhalten, um irgendwo an einen Platz zu kommen, von dem wir gar nicht wissen, ob es ihn überhaupt gibt. Vorher wäre es doch viel wichtiger zu klären, zum einen: wo wir herkommen, und zum anderen: wo wir hingehen. Oder sich zumindest darüber Gedanken zu machen, was für Möglichkeiten es gibt.

Deine Gastmutter hat sich ja auch als Exorzistin betätigt ...
Ja, ich bin halt mit Siebzehn mal mit dem Wagen und zwei Mädels irgendwohin gefahren, wir haben was getrunken und sind dann

schließlich in der Ausnüchterungszelle gelandet, wo uns die Erziehungsberechtigten dann abholen mußten. Für meine Gastmutter war das Teufelswerk, und unter Tränen hat sie mir dann zu Hause mit der Bibel den Teufel austreiben wollen, endlose Gebete und so weiter, während ich da in den Nachfolgen meines Rausches am Küchentisch saß.

Was ging dabei in dir vor – hattest du da Schuldgefühle?
Das ist jetzt zehn Jahre her, da kann ich nicht mehr genau sagen, was in mir vorgegangen ist – zumal ich eben auch extrem besoffen gewesen bin. Ich meine, ich hatte ein wahnsinnig schlechtes Gewissen, nicht meinen Gasteltern, sondern meinen Eltern gegenüber. Weil das finanziell für die ein extremer Aufwand war, mich nach Amerika zu schicken, und ich zu dem Zeitpunkt auch noch nicht nach Hause wollte. Und ich hatte kein schlechtes Gewissen gegenüber Gott – also dem Gott, den ich da in Amerika kennengelernt hatte. Das kam erst etwas später, als ich am nächsten Mittag verkatert am Küchentisch saß und mir die Gardinenpredigt von meinen Gasteltern anhören mußte. Und das hatte ja noch 'n Nachspiel, daß ich zu meinem Repräsentanten, der hundert Kilometer weit weg wohnte, gehen und mehrere Beichtgespräche führen mußte. Man ist dann zu dem Entschluß gekommen, wenn ich mich jetzt verstärkt für die Gemeinde einsetze, dann dürfe ich bleiben, und sie würden keine Beschwerde einlegen. Da fingen die Gewissensbisse dann so'n bißchen an, aber das waren weniger Gewissensbisse Gott oder meinem damaligen Glauben gegenüber, von dem ich meinte, daß ich ihn besäße. Das war mehr so ein schlechtes Gewissen den Leuten gegenüber, die das Vertrauen in mich gesetzt hatten, daß ich mich da schon richtig verhalten würde. Ich hab da halt auch schon das Gefühl gehabt, nicht ganz richtig gehandelt zu haben.

Bist du in irgendeiner Form christlich erzogen worden?
Christlich tolerant erzogen, sagen wir mal so. Meine Eltern haben

mich so früh es ging darüber aufgeklärt, was Konfirmation bedeutet und was es bedeutet, in der Kirche zu sein.
Und wenn ich mir die Möglichkeit aufrechterhalten wollte, konfirmiert zu werden, dann müßte ich halt jeden Sonntag in die Kirche gehen. Und das habe ich dann halt auch gemacht, meine Eltern haben mich also praktisch bis zu meinem vierzehnten Lebensjahr in die Kirche geschickt. Und nach der Konfirmation ist es dann relativ schnell passiert, daß ich auf diese Form von Glaubensbekennung keine große Lust mehr hatte. Und dann eigentlich in Amerika erst wieder dieser Drang zum Lesen in der Bibel kam. In Amerika habe ich mich dann wahnsinnig viel mit der Bibel beschäftigt und sehe meinen Glauben mittlerweile als etwas, was ich mir selbst nicht kreiert habe, aber ich habe mir halt das rausgesucht, was ich als richtig und gut und wahr empfinde. Und gehe eigentlich relativ wenig nach dem, was ich im Konfirmandenunterricht gelernt habe.

Laß uns noch mal auf die Kirche zu sprechen kommen, zu der du ja ein relativ distanziertes Verhältnis hast, wenn ich das richtig verstanden habe.
Ich glaube halt auch, daß Gott in jedem von uns ist oder aus jedem kommen kann. Insofern glaube ich auch nicht einem Pastor, der seinen Schäfchen jeden Sonntag erzählt, was sie zu tun haben, nur weil es so in der Bibel stünde.
Ich glaube auch gar nicht, daß diese Menschen in Amerika so schlimm waren, sondern daß Menschen halt mit Macht nicht umgehen können. Und das, was ich unter einem religiösen Zusammenschluß verstehe, der die Kirche ja nun mal ist, das ist einfach ein wahnsinniger Machtapparat, in dem eigentlich etwas Ideologisches verwaltet werden soll, aber durch das ganze Geld und die Infrastruktur, die damit zusammenhängt, ist es für die Basis unheimlich schwer geworden, sich mit dem zu identifizieren, was die Kirche nach außen darstellt und repräsentiert. Es ist die Kirche an sich, die das Problem darstellt, weil sie in ihren Hierarchien

und Machtstrukturen den menschlichen Schwächen das Feld bietet, sich entfalten zu können.

Wobei die Kirche ja auch gute Aspekte hat: Du findest dort Leute, mit denen du dich austauschen kannst oder mit denen du in einer ähnlichen Richtung suchst, und natürlich auch viele soziale Dinge, die getan werden.
Klar, das ist ja auch supergeil.

Ist das Problem dann deiner Meinung nach, daß sie demokratischer strukturiert werden müßte?
Was heißt demokratisch, eigentlich schon fast anarchistisch. Das Problem ist natürlich, daß es dann wieder schwierig wird – ich weiß nicht, wie viele Angestellte die katholische Kirche mittlerweile hat, die hat doch bestimmt zweihunderttausend oder irgendsowas; die kann man anarchistisch nicht verwalten. Aber ich bin mit katholischen und evangelischen Ferienfreizeiten großgeworden und habe da immer supergerne dran teilgenommen, und das ist auch mit das Geilste, was es für Kinder geben kann: zu singen, Spiele zu machen ... auch diese ganzen Gospels zu singen, und abends am Lagerfeuer zu sitzen und irgend'nen Öko zu haben, der da mit seiner Klampfe spielt, weil er seinen Zivildienst halt in einer Kirchengemeinde macht – finde ich supergeil!
Katholische und evangelische Kirche vereinen schon unheimlich viele Vorzüge auf sich, und diese Vormachtstellung gilt es aber einfach auch mal zu überdenken.

Eure Single „Take me home" scheint auf den ersten Blick ein Stück über Tourmüdigkeit zu sein, was ja angesichts Eures andauernden On-the-road-Seins naheläge. Ich denke aber, man kann in dem Stück im übertragenen Sinn auch die Sehnsucht nach einer geistigen Heimat heraushören – hat das für dich eine Rolle gespielt?
Super, daß du das so siehst. Das ist in der Tat das, was mich beim diesem Text auch bewegt hat. Ich gebe mir schon viel Mühe bei

meinen Texten, gebe aber normalerweise keine Interpretationen dazu. Weil in meinen Augen der Idealfall der ist, daß der Hörer das Lied hört und seine eigene Interpretation findet, egal was ich vielleicht damit gemeint haben mag. Hier ist es aber wirklich genau das, was ich ausdrücken wollte: Nicht bloß Sehnsucht nach dem warmen Bett, Mamas Essen und den eigenen vier Wänden, sondern eben nach dem Zuhause im übertragenen Sinn.

„Take me home" war für mich auch einer der schwersten Texte der Platte. Es ist wirklich dieses Suchen, die Sehnsucht nach, tja, einem festen Glauben, nach Gewißheit. Daß man weiß, wo man hingehört, eben auch in geistiger Hinsicht... „Freedom's kissed by loneliness / emptiness" – früher war der Glaube ja anerzogen oder fast verordnet, und da ist ja nur gut, daß das heute reflektierter ist. Aber diese Freiheit ist eben auch nicht immer ganz leicht, man muß suchen, und es fehlt so ein bißchen die natürliche Geborgenheit.

Wenn man so manche Freikirchler oder Fundamentalisten sieht, die so hundertfünfzigprozentig diese natürliche Geborgenheit zu empfinden scheinen – beneidest du das nicht auch so ein bißchen?

Überhaupt nicht, da deren Sicherheit sich auf etwas stützt, das nicht von ihnen kommt – und ich habe ja anfangs gesagt, daß das für mich das Wichtigste ist, daß ich es vor mir verantworten kann und daß meine Überzeugungen auch in mir wachsen und auch aus mir kommen.

Und bei den Freikirchlern und Fundamentalisten, die ich – z.T. ja sehr gründlich – kennengelernt habe, ist es so, daß die sich fast das Leben nehmen müßten, wenn sie ihre Bibel nicht hätten; weil sie überhaupt nicht wissen, was sie dann machen sollten. Die beziehen alles aus einem Buch, von dem sie nicht mal genau wissen, woher es kommt. Ich sage nicht, daß es wichtig ist, zu wissen, woher es kommt. Aber wenn ich sie frage: „Warum darf ich die Rolling Stones denn nicht laut in meinem Zimmer hören?", dann sagen sie: „Weil es in der Bibel steht." Und dann frage ich: „Wo steht das denn da?", und dann zeigen sie mir irgendwelche Stellen, man solle keine anderen Götter haben, und ich sage: „Wieso, ich mag doch nur die Musik!", und dann kommen sie mit „Sympathy for the Devil", das sei Gotteslästerung. Und das waren immer Sachen, die ich nicht verstanden habe, weil ich sie nie nachvollziehen konnte und mir nie was Böses dabei gedacht habe, wenn ich diese Musik gehört habe.

Und ich suche nach einer Geborgenheit, die eigentlich auch nur ich selbst mir geben kann. Denn ich muß davon überzeugt sein, daß es gut ist, was ich mache. Deswegen heißt es in der letzten Zeile ja auch: „It's up to myself to take me home". Denn wenn ich über mich selber nachdenke, merke ich auch, ob Dinge, die sich bei mir eingeschliffen haben, gut oder schlecht sind.

Du suchst Werte und Normen, so wie du es vor dir verantworten kannst, und übernimmst nicht eine feste religiöse Schule oder so. Besteht da nicht die Gefahr der Beliebigkeit – wenn dir etwas nicht gefällt, schnell eine andere Option wahrzunehmen?

Ja, ist mit Sicherheit so. Aber warum soll Glauben unangenehm sein? Aber genau das ist ja eben auch die Schwierigkeit: zu sehen, was für mich gut ist. Häufig sind die Dinge, die für mich gut sind, ja nicht die Dinge, die ich gerade machen möchte. Weil ich mich aus irgendeinem Grunde halt ablenken oder mich mit meinen Problemen nicht auseinandersetzen möchte. Aber wenn ich das täte, würde ich mich grundsätzlich besser fühlen.

Das ist ähnlich wie im Buddhismus, mit der Überwindung des Leidens. Es ist ja so, daß – so wie ich es verstanden habe – letzten Endes es ja nicht darum geht, sich hinzusetzen und zu sagen: „Nein, ich brauche das alles nicht mehr!", sondern an einen Punkt zu gelangen, wo ich als Buddhist – wenn ich denn einer wäre – sagen würde: „So wie ich hier sitze, bin ich glücklich und zufrieden. Ich brauche kein Skateboardfahren, keinen Alkohol, keine Drogen, keine Frauen, keine Freunde letzten Endes, weil ich mit mir so, wie ich bin, zufrieden bin." Und nichts anderes versuche ich ja auch auf meine Art und Weise anzustreben. Um dahin zu gelangen, ist es für mich aber auch wichtig, viele Dinge kennenzulernen. Für mich beinhaltet das, auch die Erfahrungen zu machen, von denen ich dann hinterher sagen kann: „Nee, das brauche ich nicht, das ist nicht gut für mich!"

Würdest du sagen: „Der Sinn des Glaubens ist, das Leben angenehmer zu machen"?
Das ist eine Frage, die eigentlich schon einen Trugschluß in sich beinhaltet. Denn damit würde der Glaube ja eigentlich zu einem Dienstleistungsbetrieb institutionalisiert werden. Im Gegenteil: Für mich ist es einfach eine tiefe Überzeugung. Und ich nenne es nun mal Gott.
Häufig genug wird ja einfach gesagt: „Vertrau auf Gott! Glaub einfach dran!" Ohne zu wissen, was dahintersteckt. Und es gibt halt viele Leute, die das brauchen. Die haben Angst davor, nachzudenken, was nach dem Tod passieren könnte, weil keiner es weiß, was danach passiert. Und die haben Angst davor, in ein Nichts zu fallen oder in die Hölle zu kommen – und daher sagen sie halt lieber: „Ich glaube an Gott, damit ich dann in den Himmel komme." Aber sie sind dabei dermaßen einer Doppelmoral verfallen, daß sie nicht merken, daß sie viel mehr sündigen, als sie es täten, wenn sie wirklich danach gingen, was sie selbst zufriedenstellt. Und das, was mich persönlich zufriedenstellt, ist die Tatsache, daß ich persönlich glücklich sein kann, ohne meinem Nächsten Schaden zuzufügen.

Gibt es für dich Verbindlichkeiten? Muß es nicht doch auch gewisse geistige Grundregeln geben, damit die politischen irgendwo verankert sind?
Ich persönlich lehne es ab, Ideologie und Politik so eng zu verknüpfen, daß man versucht, in der Politik alles das durchzusetzen, was für mich selber in der Ideologie funktioniert. Und für mich sind Regeln dazu da, um eine Ideologie, von der man meint, daß

man sie mit vielen anderen teilt, so umzusetzen, daß man in Worten festhalten kann, wie man meint, daß sie umsetzbar wäre.

Setzt du dich stärker mit dem Christentum und der Bibel auseinander als mit anderen geistigen Angeboten?
Ich komme nun mal aus einer vorwiegend christlich dominierten Gesellschaft, und von daher würde ich sagen, daß die christlichen Grundsätze schon sehr tief in mir verwurzelt sind – soweit ich das oberflächlich beurteilen kann. Ich bin jetzt kein spezieller Bibelexperte; ich weiß so ungefähr, welche Geschichte nach welcher kommt, aber ich versuche nichtsdestotrotz, meine Gedanken so frei wie möglich fließen zu lassen. Das ist natürlich die bequemste Art und Weise, aber für mich auch die, mit der ich mich am ehesten identifizieren kann. Denn wenn ich in der Bibel etwas lese, was ich nicht nachvollziehen kann, wie z.b. das Buch Hiob, wo diese arme Sau einer Wette zwischen Gott und dem Teufel zum Opfer fällt – das widerspricht für mich jedem Grundsatz von Christlichkeit und ich verstehe ehrlich gesagt nicht, wo das herkommt.
Ich habe mich wahrscheinlich genauso wie mit der Bibel mit dem Buddhismus auseinandergesetzt. Ich habe einmal ein paar Stunden im Koran gelesen; der hat auch gewisse Ansätze, die mir sympathisch waren. Ich denke, das, was ich grundsätzlich an jeder Religion interessant finde, sind die Grundsätze, die sich auch bei allen Religionen gleichen. Das sind meistens Dinge wie: an ein göttliches Etwas glauben, das das Zentrum von allem ist.

Wenn du verschiedene Religionen vergleichst – machst du da Unterschiede?
Unterschiede gibt's für mich nur in der Form, wie eine Religion es versteht, sich durch menschliche Fehler unmenschlich zu machen. Bei den Christen ist es der schiere Drang, andere Leute unbedingt überzeugen zu müssen; das Bewußtsein: „Ich bin ein Werkzeug Gottes und muß alle anderen Menschen davon über-

zeugen, daß nur mein Gott die Kraft ist, die uns heilen und retten kann!" Beim Islam kann ich es nicht so genau sagen, aber da ist es die vermeintlich schwächere Stellung der Frau – soweit ich das weiß, ist im Koran die Frau ja eigentlich auch höhergestellt als der Mann – und diese Angst des Mannes vor der Frau, die durch so grausame Dinge wie Schamlippenbeschneidung und Zunähen der Vagina usw. verschleiert werden soll – wie gesagt: dieses Unmenschlich-Machen einer Religion durch den Menschen.

Was ist der höchste Wert, den es überhaupt gibt: Menschlichkeit, Liebe?
Menschlichkeit ist für mich eine Form von Liebe. Der höchste Wert ist für mich vielleicht Glück. Obwohl das, glaube ich, auch der am schnellsten verschwindende Wert ist, weil in dem Moment, wo ich merke: „Ich bin glücklich", dieser Moment ja schon wieder verflogen ist.
Also, ich glaube doch: Liebe ist für mich der höchste Wert.

Hipp Mathis
– Die Aeronauten

„Teil von einem großen Ding zu sein"

Siehst du dich als religiösen Menschen?
In meiner Umgebung ist Religion tabu, weil das immer mit Kirche in Verbindung gebracht wird. Mit Kirche habe ich auch nicht viel am Hut, aber ich bin natürlich ein religiöser Mensch.
Was das heißt, muß ich aber für mich selbst definieren. Für mich gibt es heute keine große Institution, bei der ich mitgehen könnte. Allen größeren sozialen Bewegungen, die mit Religion zu tun haben, stehe ich sehr skeptisch gegenüber. Das ist schon fast eine Phobie. Das hat natürlich mit der Kirche zu tun, aber auch mit anderen ‚Institutionen', die – gelinde gesagt – eine sehr ungeschickte Politik pflegen.
Aber ich habe Gefühle gegenüber einem wahrscheinlichen ‚Ganzen', gegenüber einem möglichen größeren Ding. Nur sind diese Gefühle nicht in eine Richtung gelenkt, nicht sozial gefaßt,

wenn man so will. Ich habe auch überhaupt keine Lust, mich irgendwo anzuschließen.

Was ist dann Religion für dich, unabhängig von Kirche oder Kirchlichkeit?
Zentral ist wahrscheinlich schon ein Gefühl für ein Ganzes, wo ich drinstecke. Teil von einem großen Ding zu sein. Christen nennen das „Gott", Moslems „Allah". Ich hab mich auch 'ne Zeitlang mit Buddhismus beschäftigt, und die sehen das schon viel klarer: Da ist das nicht so romantisiert und mit Mythen aufgepumpt, das ganze Brimborium drumrum. Der Buddhismus ist wie andere Religionen auch ein Denkgebäude. Da steht das Leiden im Mittelpunkt. Das Leiden kann man nur überwinden, indem man sich loslöst von all den Lüsten und weltlichen Dingen.

Das wäre ja dann völlige Askese, Weltabgewandtheit als Ideal. Ist das auch dein Ideal?
Das habe ich immer wieder mal versucht. Das kommt und geht. Ich habe ab und zu, z.B. als ich zum Militär mußte, gefastet. Ich habe einfach nichts mehr gegessen. Denn ich wußte, unter fünfzig Kilo Körpergewicht lassen die einen nicht mehr den Dienst tun. Die sagen dann von sich aus: „So einen können wir nicht brauchen." Das habe ich dann gemacht, und so bin ich dann auch weggekommen. Das wurde dann zwar erst noch mal zwei Jahre verschoben, aber da hab ich dann eben noch mal gefastet.
Das empfand ich so halb als Verweigerung und halb als Zu-mir-Kommen. Man hat dann gar nicht mehr die Energie, an all die komischen Sachen zu denken, an die man sonst manchmal so denkt. Das wird gebündelt, man konzentriert sich dann mehr auf sich. Ich erinnere mich da an ganz tolle Momente in diesen Wochen.

Glaubst du, daß so eine Weltabgewandtheit auf Dauer als Rezept für alle funktionieren könnte?
Als kategorischer Imperativ? Nein.

Ich bin ja in der Unterhaltungsbranche tätig, und da muß man sich ständig damit auseinandersetzen: Was mache ich überhaupt, wie steh ich zur Welt? Will ich unterhalten oder auf Probleme aufmerksam machen (z.B. die Askese oder eine andere Verweigerung zur Schau stellen)? Auf der Bühne ist ein großer Teil der Welt das Publikum. Gerade in der, also ‚Postpunk-Szene' (oder wie immer man das nennen will), ist Unterhaltung immer noch verschrien, weil man die Leute von etwas abhält, buchstäblich ‚untenhält', also von wesentlichen Sachen wie Politik beispielsweise abhält.

Inzwischen bin ich genau zwischendrin: Ich möchte zwar auf meine Probleme aufmerksam machen und meinen Lebensstil, der viel mit Verweigerung zu tun hat, auf der Bühne zeigen; ich möchte aber nicht – so wie es früher viele sozialkritische Bands gemacht haben – die Leute nerven damit. Das liegt mir sehr fern. Die Leute können sich das ansehen und sich einfach freuen, oder noch besser: sie können sich tatsächlich auf so 'ne Art inspirieren lassen und Lust bekommen, selbst was zu tun.

Olifr, unser Sänger, singt ja viel von Problemen. Wir wurden auch schon als sehr melancholische Band bezeichnet. Das stimmt schon, wir haben mehr 'ne Schwermut, und die kommt eben auch zum Teil davon, daß man nicht zufrieden ist mit der Welt und sich gerne irgendwo zugehörig fühlen würde, aber es gibt kein Angebot dafür. Ich kann mich nirgendwo mit einverstanden erklären. Gibt es nicht, ich hab noch nichts gefunden. Ich muß eben eine eigene Sache haben, und da ist bei mir die Band ganz wichtig.

Bist du in irgendeiner Form religiös erzogen worden, wo du dann gemerkt hast, daß die Kirche mit ihrem Angebot dir deine Bedürfnisse nicht erfüllen kann?

Meine Mutter ist katholisch, und mein Vater ist evangelisch. Eine total lustige Mischung, weil mein Vater uns immer anhielt, in die Kirche zu gehen, selbst aber nicht ging, und meine Mutter ging regelmäßig in die Kirche, hat uns aber nie dazu gezwungen. Die Kir-

che war für mich – ich weiß nicht, wie ich das sagen soll – immer so'n bißchen lächerlich. Es gibt ein paar Sachen, die ich gut fand. Das Zusammenkommen fand ich okay. In einem Raum zusammenkommen, irgend etwas zusammen tun, find ich total gut. Daß man Häuser baut, wo man das machen kann, daß man die Häuser schmückt und Bilder malt, kann ich gut verstehen und fänd ich an sich gut. Nur: die Kirche macht herzlich wenig draus.
Auch Beichten fände ich im Prinzip nicht schlecht. In sich gehen und Revue passieren lassen, was für Scheiße man gebaut hat. Das muß ab und zu sein, und es tut gut, wenn man das einer Vertrauensperson sagen kann. Aber wie das über die Jahrhunderte institutionalisiert wurde, mit Beichtstuhl, Ablaß und sozialer Kontrolle... Ich kann sehr gut verstehen, daß die Evangelen das vor rund 500 Jahren nicht mehr wollten. Aber heute gibt's wieder andere Probleme.

Du hast es ja eben schon angesprochen: Ein Thema, das bei den Aeronauten immer dahintersteht, ist das Weg-Wollen und nicht können, eine Sehnsucht als Grundhaltung. Ist das jetzt speziell auf Schaffhausen oder die kleine Schweiz bezogen, die Gesellschaft vielleicht, oder ist das ein grundsätzliches Lebensgefühl in der Welt?
Man wird ungefragt irgendwo in eine Welt geworfen, und dann muß man sich irgendwie damit arrangieren. Und das ist nicht so einfach.
Ich habe aber auch noch nicht rausgekriegt, warum nun gerade ich das Gefühl von Fremdsein im eigenen Land oder in der eigenen Stadt so sehr empfinde. Ich pfleg's ja auch auf 'ne gewisse Art; ich mein', ich könnte ja auch irgendwo anfangen, in einer Bank zu arbeiten, mich da anschließen. Aber immer, wenn ich's versuche, dann geht alles schief. Es wird ganz schlimm, wenn ich's versuche.

Und dein Ethnologie-Studium war auch nichts, was dich so ausgefüllt hat, daß du es regelmäßig machen willst?
Das war halt so 'ne Art Hoffnung, daß mir das Studium dieses Ge-

fühl, fremd zu sein, abbauen hilft. In der Ethnologie geht es ständig um das Fremde und Eigene. Entweder man selbst geht in die Fremde oder fremde Leute kommen zu uns, und dann werden sie hier untersucht. Das hat mir schon einiges gebracht. Erst einmal habe ich gemerkt: Die Leute, die weggehen, die fühlen sich eigentlich so hochgradig fremd, daß sie sich verstärkt auf ihre Heimat besinnen müssen. Es gibt ja dieses Phänomen: Deutsche in Peru sind deutscher als Deutsche hier. Die haben dann wirklich alle ihre Fähnchen und Nationalfeiertage, die dann total überschwenglich gefeiert werden müssen. Diese Art, die Sehnsucht nach Gemeinschaft auszuleben, halte ich für übersteigert und abstrakt. Man leitet da die Wasser auf eine Mühle, wie es mir gar nicht behagt. Da geht es Richtung Nationalismus. Da kann man sich in einem Gemeinschaftsgefühl suhlen. Das ist mir zu einfach und konstruiert und gar nicht mein Ding.

Du hast eben Melancholie als Grundstimmung der Aeronauten genannt – wo bleibt denn da die Hoffnung? Ganz selten – in „Wo die Sonne aufgeht" vielleicht – kommt was durch, aber sonst?
Für die Texte stimmt das schon. Das ist mit dieser Platte aber auch speziell, die Stimmung ist sehr gedämpft. Aber musikalisch, finde ich, sieht's doch schon ein bißchen anders aus. Da gibt es viele Momente, die für mich die Botschaft durchgeben: „So, jetzt beweg dich!", oder: „Du hast keine Chance, aber nutze sie!" – weißt du, irgendwie so eine Art von „Mach trotzdem, eigentlich kann nichts wirklich schiefgehen. Du mußt einfach weitermachen. Du mußt auch mal Party machen." Auf Konzerten kommt das auch mehr raus.

In „Früh-Spät" kommt diese Gebrochenheit am deutlichsten zum Tragen, das hat den fröhlichsten und dynamischsten Baßlauf. Für den desillusionierten Text ist das eigentlich ein zu schönes und schwungvolles Lied.
Jaja, aber das mag ich eben sehr. Das ist schon auch eine Art Kon-

sens in der Band, daß man traurige Texte mit lustiger Musik bricht, oder daß man auch in ganz traurige Musik so'n bißchen was Absurdes reinbringt, wie bei „Schwarzer Fluß" vielleicht. Das versteht man ja auch nicht sofort: „Die einen fahren auf der Autobahn zur Hölle, und ich geh zu Fuß", das ist ja auch ein bißchen lustig gemeint. Rockmusik ist ja auch so'n Mythos, mit dem man mitfahren kann. Hab ich auch nicht so Lust.

Ich dachte, genau darauf würde angespielt – AC/DCs „Highway to Hell" als Bild für diesen Rock-Kontext...
Ja, aber wir gehen da eben unseren eigenen Weg. AC/DC fahren mit dem Auto zur Hölle. Wir gehen zu Fuß, weil wir das Geld nicht haben, um nobel zugrunde zu gehen.

Diese Sehnsucht – ist das eine Sehnsucht nach etwas Transzendentem? Etwas, das diese Welt übersteigt?
Ich empfinde das schon so, aber ich kann es nicht benennen. Es ist schon so viel vorgeprägt.
Es passiert mir ab und zu, daß ich ein Gefühl hab, in einem großen Ding drinzustecken. Überall dreht sich was, und es bewegt sich, und irgendwo in dem Ganzen ist ein Punkt, und da bin ich. Ich seh mich dann so wie von außen und denk mir: „Ha, das ist ja lustig." Ich sehe mich rumrennen, sehe, wie ich versuche, mein Bestes zu tun mit all den Regeln und der Moral. Am Ende, wenn ich mich so mit Abstand sehe, ist das alles nicht so wichtig, was ich da für wichtig halte. Aber es hat seine Richtigkeit. Das sind kurze Momente. Ich hab nie versucht, das zu fassen oder in geordnete Bahnen zu lenken. Es wurde mir, wie gesagt, auch durch die Kirche vergällt. Und natürlich auch durch die Leute, die Achtundsechziger und Achtziger vor allem, die die Kirche kritisiert haben. So wurde ich eben auch erzogen.
Wenn ich so ab und zu wieder mal Artikel lese und irgendwelche Bischöfe oder so ansehe, dann muß ich sagen: Die sind wirklich ziemlich dumm! Also, mit diesem Geld und dieser Infrastruktur,

die die haben, da könnten die wahnsinnig viel mehr draus machen! Gute Sachen. Aber da haben sie einfach keine Lust zu. Die verpuffen die ganze schöne Energie, um die Macht zu halten. Und dann benehmen sie sich dermaßen ungeschickt; zweihundert Jahre hintendrein, kann ich da nur sagen. Vor allem der Papst. Natürlich gibt's andere, die versuchen wenigstens, ein bißchen progressiv zu denken, und setzen sich damit prompt in die Nesseln.
Aber da bin ich auch zu weit weg von der Diskussion.

Böll sagte mal, er hätte Schwierigkeiten, das Wort „Gott" zu benutzen, weil es sehr abgenutzt sei und sinnentleert gebraucht würde. Er hat vorgeschlagen, das Wort für eine Weile aus dem Verkehr zu ziehen.
Das passiert ja jetzt auch, finde ich. Die Leute, die ich kenne – da redet man nicht über Gott. Auch in der Pop- und Rockszene ganz selten. Also: das einzige, was mir einfällt – von den Leuten, die mir wirklich nahe sind –, ist Tocotronic, der sagte mal: „Halt um Himmels willen zu mir!" „Um Himmels willen", da hab ich gedacht: „Wie kann der nur?" Das ist natürlich auch nur 'ne Metapher, und ob er sie religiös verstanden haben will, kann man bezweifeln, aber daß einer in meinem Alter so was singt... fand ich schon noch speziell!

Daß Gott als Begriff gemieden wird, bedeutet das auch, daß man sich allgemein über religiöse Themen wenig auseinandersetzt?
Ich glaube, das kommt zur Hintertür wieder rein, ganz anders codiert.
Zum Teil wird das wirklich fast nur noch im Privaten ausgelebt. Das Selbst und die Seele – oder wie man das nennen mag – wird zu einem Universum gemacht. In der Psychologie versuchte man das wieder zu fassen und zu strukturieren, schöne Regale machen, und hier kommt das hin und das dort... Ich hab ja viel Psychologie gemacht in meinem Studium, und das ist kein Wunder, daß sich die Leute verrennen.
Das allgemeine Unbehagen wurde sozusagen privatisiert. Zuerst

muß man die Leiden mal beschreiben – oder auch erst mal überhaupt merken, daß man leidet. Dann will man auch herauskriegen, warum man leidet – da taucht die Frage auf: Wohin zieht es mich? Hier kommt die Sehnsucht wieder zum Vorschein. Die Sehnsucht zu beschreiben, das wird bei unserer Band auf 'ner allgemeineren Ebene gemacht, als das sonst im Popgeschäft gemacht wird. Sonst – im Mainstream – heißt es einfach „Liebe", allgemein, darauf wird die Sehnsucht beschränkt. Für mich ist die Sehnsucht eine ganz offene Sache, das kann die ganze Welt betreffen. Wenn man seine innere Energie auf einen Partner richtet, der dann alles erfüllen soll – also Freundschaft, Zuneigung, Liebe, Sexualität und Inspiration, all die Sachen –, dann find ich das total übertrieben. Das kann nur schiefgehen, wenn man all das von einem Menschen verlangt. Und deswegen singen wir auch so wenig von Liebe und mehr von einer allgemeineren Sehnsucht. Mir gefällt es besser, wenn man sein Herz offenläßt, sich offen in der Welt bewegt, und immer wieder, wenn man das Gefühl spürt, jemanden oder etwas gern zu haben, dann kann man das sofort zeigen. Und das kommt auch an, wenn es echt ist und nicht irgendwie verschroben.

"Sich offen bewegen" – in der multikulturellen Gesellschaft gibt es ja eine Vielfalt von Wahlmöglichkeiten. Was es für das friedliche Zusammenleben aber ja geben muß, sind doch gewisse ethische Maßstäbe. Was würdest du da vorschlagen?

Da komme ich auch nicht über die Allgemeinplätze wie Menschenrechte und Anstand und Ehrlichkeit hinaus. Für mich ist total wichtig, im täglichen Umgang zu versuchen, das zu sagen, was man wirklich findet. Und ich finde total wichtig, anständig zu sein. Also, wenn jemand mit einem reden will, anständig zurückzureden. Leute wahrnehmen, Achtsamkeit. Aufpassen, nicht in Leute reinlatschen und auf deren Füßen rumstehen; auch im übertragenen Sinn.

Das ist gerade in der Band total wichtig, daß man einen Umgang pflegt miteinander, weil man so nahe aufeinanderhängt. Da muß man einen klar strukturierten Ablauf haben: Was kann man von dem anderen erwarten? Man muß auch Toleranzgrenzen setzen, aber wenn die überschritten werden, nicht gleich darauf pochen. Das ist superschwierig, das zu beschreiben, weil das mit enorm viel Widersprüchen einhergeht. Aber ich finde trotzdem, daß es eine Ethik, eine Art Anleitung dafür geben muß, wie man sich verhalten soll.

Euer zweites Album war „Alles ganz einfach": dieser Wunsch, es wäre so schön, wenn's alles ganz einfach wäre, aber es ist nun mal leider nicht so. Früher hat Religion ja auch geleistet, in einer völlig komplizierten Welt klare Deutungsmaßstäbe zu geben und zu vereinfachen. Das hat sich ja heute verschoben, Religion wird aber oft beschrieben als die Suche nach einem Sinn im Leben; viele sagen: „In diesem ganzen Undurchschaubaren muß es einfach einen tieferen Sinn geben." Siehst du das auch so?

Nein. Der Sinn ist wahrscheinlich, den Sinn selber zu suchen. Sich einen Sinn zu machen, was aufzubauen. Das ist mein Sinn. Danach steht mir auch der Sinn; selber was zu versuchen. Daß einem irgendwelche Sinnhaftigkeit zufliegt, kann man nicht erwarten. Das muß heute jeder und jede für sich – ganz privat sozusagen – selbst machen. Ich als Kind meiner Zeit fühle mich sehr auf mich selbst zurückgeworfen. Mein Motto ist eher: Zuerst muß man etwas versuchen, und dann kann man den Sinn suchen. Zuerst das Leben verstehen wollen, einen Anhalt und Bedeutung finden – das hat bei mir wenig geklappt. Ich muß immer erst machen, und dann kommt: „Ach so, ja das macht Sinn, weil...!"

Gewisse Talente oder Fähigkeiten z.B. sind wie Geschenke, und der Sinn ist jetzt, das zu nutzen und möglichst Leuten Freude zu machen oder sie auf irgend etwas aufmerksam zu machen. Im besten Fall eben eine Inspiration teilen. Wenn Leuten was in den Sinn kommt, auch was zu machen, was für sie Sinn macht, das find ich sehr gut. Auch auf der Bühne, in Verbindung mit Freude und so – Lust!

Gibt es in deinen Augen Gerechtigkeit? Ist das ein Ideal für dich?

Ich kenne das halt aus dem Geschichtsunterricht, „Freiheit, Gleichheit, Brüderlichkeit" – Gerechtigkeit als Gleichheit; dieser Gleichheitsgedanke ist bei mir auch sehr stark ausgeprägt. Eigentlich sind alle Menschen gleich, von Natur aus. Oder auch vor Gott oder so.

Aber ich hab dann Ethnologie studiert und auch viel unsere Gesellschaft vergleichend betrachtet. Soziologen sagen das auch selbst: Alles, was sie an sozialen Phänomenen messen, ist ungleich. Niemand ist einem anderen gleich. Es ist total klar strukturiert, horizontal, vertikal, alles ist unterschiedlich weit entfernt vom Zentrum. Auch bei uns; wir als Band sind z.B. relativ weit entfernt von DJ Bobo oder von Leuten, die viel Geld machen, die sich in einem akzeptierten Mainstream bewegen. Das ist auch ein selbstgewähltes Außenseitertum; ich finde es eben auch irgendwie gut. Ich denke, wenn man von außen kommt, ist man achtsamer und offener. Ich glaube, viele neue Bewegungen kommen nicht aus einem Mainstream. Da sind die Leute zu zurückgelehnt und haben ja praktisch schon alles, was sie wollen. Die guten Ideen kommen meistens von außen, und oft entstehen sie aus einer Not. Das ist so mein Idee. Insofern rechtfertigt dieser Gedanke für mich, daß die Welt halt ungleich aufgeteilt ist. Es gibt halt Leute, die stehen am Rande, auch wenn's noch so ungerecht ist. Ich kann's nicht ändern, aber die haben die Chance, aus ihrer Not heraus vielleicht was ganz Tolles zu machen. Das klingt natürlich arrogant von mir, der in der Welt nun total oben lebt, also oberste Zehntausend oder so ... Aber man kann auch als Randfigur viel Inspiration geben fürs Zentrum. Das greift ja auch immer wieder solche Leute auf und integriert die. Und sobald sie eigentlich drin sind, ist dann nicht mehr viel los. Sobald sie Erfolg haben und akzeptiert sind in einem großen Topf, ist dann bald schon der Ofen aus. Weil sie eben gar nicht mehr dieses Bedürfnis haben, neue Ideen zu haben. Aber es gibt auch Ausnahmen.

Oft gibt es ja die Hoffnung auf irgend etwas Höheres als eine Art ausgleichende Gerechtigkeit.
Hoffe ich ja auch. Ich habe von vielen Leuten gehört, von Ethnologen, die waren in Kuba, Chile, in Indien, wo die Leute wirklich arm sind. Ethnologen haben ja auch den Anspruch, zu den richtig Armen hinzugehen, und machen das dann auch. Ich habe denen sehr gerne und sehr oft zugehört. Und natürlich habe ich nachgefragt „Wie ist denn das?", und natürlich ist es hoffnungslos. Und diese Apathie kommt davon, daß man eben nicht herausfindet aus dem Kreislauf von Armut, von Nicht-gebildet-Sein, nicht Zugang haben zu all den Sachen, die wir haben. Im Endeffekt gibt es aber doch so etwas wie Glück, auch in diesem Elend. Nicht nur Glücksmomente, sondern auch eine Art von Glücklichsein. Anscheinend. Ich kenn's nicht, aber ich muß davon ausgehen, weil die Leute mir das so beschrieben haben. Mir wurde erzählt, daß eben ganz viele selbstkonstruierte Sorgen, Nöte, Krankheiten, Obsessionen, Wahnvorstellungen da nicht existieren. Ich kann mir nicht anmaßen zu sagen: „Die Summe des Glücks ist für jeden Menschen am Ende gleich." Ich weiß es nicht, aber es wäre schön, wenn es so wäre.

Siehst du es als Ideal oder Grundbestimmung des Menschen, glücklich zu sein?
Da gehe ich eher mit Freud einig, der soll gesagt haben: „Glücklichsein ist im Plan der Welt nicht vorgesehen." Also mehr oder weniger Glückssache (lacht). Nein, ich glaube nicht.
Es ist auch nicht mein erklärtes Ziel, glücklich zu sein. Ich möchte die Instrumente, die Mittel haben, immer wieder weiterzukommen. Mein Ideal ist eine Entwicklungsidee; was lernen von der Welt, aufmerksam wenigstens zusehen. Zum Mitmachen kann man sich ja dann jeweils immer noch entscheiden, ob man den Fuß auch drinhat, aber auf jeden Fall muß man was lernen.
Mit Glücklichsein alleine ist noch nichts gelernt. Vielleicht gehe ich auch von einer zu wohlstandsorientierten Sicht aus. Glücklichsein

heißt in der heutigen Welt ja auch immer, materiell gut gestellt zu sein; das ist für mich überhaupt nicht so. Ich lebe mit sehr wenig und finde eigentlich, ich sollte noch viel weniger besitzen. Ich habe schon unglaublich viel. Viel zuviel, was mich eigentlich alles nur stört, aber ich gehe da zu sehr meiner Bequemlichkeit auf den Leim, denn viele Sachen machen das Leben bequem. Eben ein Handy, wo man den Leuten nicht nachrennen muß. Oder du mußt jetzt nicht alles aufschreiben, sondern kannst es aufnehmen. Das mache ich auch sofort mit, kein Problem, aber das ist nicht das, was einen glücklich macht.

Ich habe heute noch mal "Friedhof Mülheim-Speldorf" gehört. Dort ist der Grundgedanke ja in etwa: "Die Zeit ist bemessen, und deswegen sollte man jetzt noch mal Spaß haben, denn bald ist es vorbei."
Ja, da kommen so zwei, drei Sachen zusammen. Einerseits so'n Fatalismus, daß man sagt: "Tja, irgendwann ist es vorbei, und man muß es akzeptieren, daß man dann weggerafft wird." In der Band passiert es sehr oft, daß man an Grenzen kommt. Also erst einmal diese viele Autofahrerei. Es kann halt immer was passieren, und es kann tödlich enden.
Olifrs Mutter ist gestorben, und darauf hat er dieses Lied geschrieben. Er hatte eine sehr schwierige Beziehung zu seiner Mutter, und dieses Lied war Teil davon, das zu verarbeiten.
Das Leben ist manchmal tragisch, aber nicht nur. Party muß auch sein. Was nicht heißt, daß man ganz abdrehen soll. Sich vollaufen lassen und ganz von sich weg wollen, das Bewußtsein ausschalten auf irgendeine Art, find ich nicht erstrebenswert. Mir ist lieber, wenn der Tod doch noch irgendwo im Hintergrund da ist, aber man weiß: "Jetzt mach ich trotzdem Party!" Daß aber noch Kanäle zu diesem unbewußten Wissen offenbleiben, das finde ich wichtig. Daher kommt auch oft dieses Tragikomische bei uns in der Band. Wir empfinden das Leben als tragisch und komisch zugleich.

Jan-Heie Erchinger –

Jazz-kantine,

Blue Knights,

Deutschland Phunk!

„... rationaler und gläubiger Mensch zugleich!"

Siehst du dich als religiösen Menschen?
Im weitesten Sinne auf jeden Fall. Das liegt erstens an meiner pfaffensöhnischen History, daß ich eben reingeboren bin in einen evangelischen Pfarrerhaushalt, und mein Großvater auch Pfarrer war. Die ganze Familie meines Vaters hatte schon immer sehr christliche „Roots" – ein Großvater meiner Großmutter war sogar im deutschnationalen Bereich im Ruhrgebiet recht aktiv, der hatte so komische Nordvolk-Romantismen, hat sich in der deutschnationalen Partei engagiert, war aber gleichzeitig eben Pfarrer – was ja dann irgendwann in die Bewegung „Deutsche Christen" mündete, die ja Hitler unterstützt haben. Aber es gab da gleichzeitig auch die intellektuellere Fraktion, Leute wie Bonhoeffer, der ja im Angesicht des Todes dieses schöne Gedicht „Von guten Mächten" geschrieben hat. Wir wollen das jetzt auch mal musikalisch umsetzen, zumindest die bekannteste Strophe; das sind, finde ich, so richtige Zauberworte: „Von guten Mächten wunderbar geborgen, erwarten wir getrost, was kommen mag, Gott ist bei uns am Abend und am Morgen und ganz gewiß an jedem neuen Tag." Da gibt es diese ganze Hoffnungsabteilung, aber eben angesichts des Todes. Er hat das ja geschrieben, kurz bevor er hingerichtet wurde und davon auch wußte.
Tod, Krankheit, Ungerechtigkeit – das kann ich eigentlich gar nicht so rational abarbeiten in mir, ich kann damit eigentlich nur leben, indem ich so eine latente, ganz weit in meinem Gehirn versteckte Hoffnung habe, daß da irgendwo vielleicht auch mal was anderes ist.
In harten Situationen oder so bete ich auch mal kurz; auch, weil ich mir sage: „Mag ja nichts schaden", aber ich habe dann wirklich so ein spirituelles Feeling. Manchmal, im Bett oder so, komme ich dann richtig runter und sage mir: „Okay, wenn's dich da jetzt doch irgendwo gibt, Gott, ..."

Du hast Evangelische Religion auf Lehramt studiert – würdest du dich als überzeugten Christen bezeichnen?

Von der Ratio her ist es immer wieder so, daß ich jetzt ganz schwer sagen könnte: „Okay, es ist nun unbedingt das Christentum!" Denn gerade in der Popkultur oder auch in der New-Age-Bewegung sind ja ganz viele tolle und interessante Einflüsse aus Indien oder anderen Religionen, indianische Roots usw., da würde ich mich jetzt also in keiner Weise beschränken wollen. Ich bin zwar ganz klar beeinflußt von dieser christlichen Richtung, der Bibel, der Weihnachtsgeschichte, und das gibt mir auch viel, aber das gibt mir vor allem wegen der Erinnerungen aus der Kindheit was: Kindergottesdienst-Geborgenheitsgefühle, alte Geschichten, Kain und Abel usw. Diese Geschichten würden mir aber bestimmt auch was bedeuten, wenn ein indianischer Vater oder so sie mir erzählt hätte.

Bei der heutigen Situation in Deutschland zumindest bin ich schon wieder so arrogant, daß ich sage: „Nee, also wenn ich hier in irgendeiner Kirche bezahle – und ich bin auch Mitglied in der Kirche –, dann natürlich bei der evangelischen." Weil: a) kann ich den Papst nicht ab, und b) wenn ich gucke, was die evangelische Kirche so bringt, entspricht das meiner relativ linken, aufgeklärten, SPD-nahen Grundeinstellung. Ich finde gut, was die Kirche macht – oft. Da gibt es Negativbeispiele, wie in den großen Volksparteien auch, da gibt es Leute, die daneben sind, aber so die Grundrichtung, da habe ich schon das Gefühl, die stimmt.

Du hast eben beschrieben, daß da so eine Hoffnung auf etwas Jenseitiges ist, um das Dasein zu ertragen.
Genau, zu ertragen. Z.B. war ich lange Zeit richtig hart paranoid, habe zwei Therapien hinter mir, und das waren vor allem so Angst-Paranoia-Sachen. Daß ich mir hypochonderartig eingebildet habe, Aids oder Krebs oder sonstwas zu haben, und mich da so richtig reingesteigert habe. Da kam ich raus mit so einer Art Trotzreaktion, daß ich dann z.B. wieder angefangen habe zu rauchen, weil ich kapiert habe: „Ich kann gar nicht mein ganzes Leben rational durchchecken und dann wird alles hinhauen." Das

finde ich auch so toll an diesem Bonhoeffer-Spruch, das Wichtigste überhaupt an dieser ganzen religiösen Spiritualität: „Setz dich relaxt zurück, guck mal, was kommt. Und dann versuchst du, damit zu leben, und das gibt dann ja auch auf jeden Fall Hilfe!" Warum sonst rufen Leute im Angesicht des Todes Pastoren an ihr Sterbebett? Weil die eben diese Hoffnung auch 'n bißchen mitbringen. Und diese ganze Ratio-Abteilung, das ist eben 'n bißchen leichter zu ertragen, wenn man so 'ne Hoffnung noch hat.

Ist Hoffnung demnach das Wichtigste für dich?
Hoffnung und Gerechtigkeit, die ist halt auch ganz wichtig! Ich überlege mir oft: „Mensch, irgendwelche Arschlöcher werden reich, sind moralisch die hinterletzten Wichser und werden 180 Jahre alt – und andere Kinder, in Afrika, sterben an Hunger!" – Wie soll man jetzt damit klarkommen? Damit kann man gar nicht klarkommen, denn das ist einfach zu hart, wenn man sich's so richtig rational vor Augen führt. Man kann es aber eben so'n bißchen auf dieser Schiene versuchen: „Ich nehme das so an: der Kosmos, das um uns herum, es wird vielleicht noch was danach kommen ..."
Zu der Zeit habe ich mich auch 'n bißchen mit New Age beschäftigt. Gerade in bezug auf diese Krankheitsangst habe ich Thorwald Detleffsen, „Krankheit als Weg" gelesen. Das finde ich auch zu dogmatisch, wie der da versucht, jedes Symptom verbal umzumünzen in irgend etwas: „Zahnschmerzen? Ganz klar, du willst dich nicht durchbeißen in deinem Leben, da mußt du ansetzen!" Aber es ist zumindest nett, sich darüber Gedanken zu machen, und es ist 'ne kreative Sache, um miteinander ins Gespräch zu kommen und Lebenshilfe zu leisten.

Von religionskritischer Seite wird Religion oft als Konstrukt zur Vertröstung kritisiert, als Behelfsmodell, weil man sich die Welt eben anders nicht erklären kann.
Das ist ja von rationaler Seite auch ohne weiteres zu unterschreiben. Mag ja auch sein.

Andererseits ist diese Hoffnung auf Gerechtigkeit, auf eine höhere Form von Sinn als elementares Grundgefühl ja doch da. Wo ich sagen würde: Es ist eben doch nicht nur rationales Konstrukt.

Ja, aber man kann dieses Gefühl ja auch rational erklären. Da würde ich in dem Moment nie einem rationalen Wissenschaftler widersprechen, wenn er das für sich faktisch klarstellt. Denn damit hat er in seiner Sichtweise recht. Das fände ich auch Verschwendung von Gedanken, dem dann irgendwie zu widersprechen.

Du hast eben im weitesten Sinne Christentum und New Age-Sprirituialität, fernöstliche Religionen etc. verglichen. Besteht da aber nicht doch der Unterschied, daß New Age und fernöstliche Religionen ja eher auf das Individuum hin angelegt sind und nicht wie das Christentum auch den Gemeinschaftsaspekt und das Handeln sehen?

Ich hab den Eindruck, daß bei New Age und den fernöstlichen Sachen auch viele Verhaltensregeln mit rüberkommen. Gerade in bezug auf Toleranz, relaxtes Zusammenleben usw. Aber diese spirituelle Schiene wurde ja gerade bei uns im „evangelischen Puritanismus", in Anführungsstrichen, verdrängt: wenn es eben auf so eine arrogante puritanistische Ebene abgehoben war, die das Spirituelle wieder rausgeboxt hat. Mein Vater sagt heute berechtigterweise: „In unserem rationalen Kirchendasein haben wir Defizite gegenüber den Katholiken und ihrer Art, einen Gottesdienst zu feiern, mit viel Brimborium – daß die da eben doch diese spirituelle Gefühlsebene ein bißchen mehr herausarbeiten."

Glaubst du, daß das Manko des Protestantismus ist, daß es doch eine relativ erlebnis- und empfindungsarme Religion ist?

Auf jeden Fall – zumindest so, wie sie hier praktiziert wird. Auch wenn es klischeehaft ist: Solche Filme wie „Sister Act", wo man mitkriegt, wie z.B. in den USA solche Gottesdienste auf Gospelebene gefeiert werden – was da abgeht! Da könnte ich jetzt gar nicht mehr sagen, daß das auch Protestanten sind, sondern ich würde das schon als eine eigene Kirchenkultur ansehen, die man mit der hier gar nicht vergleichen kann. Das geht bei uns eben nüchterner zu.

Für deinen Vater ist es auch wichtig, daß Christentum erst mal ein Gegenentwurf zur Realität ist, der Hoffnung gibt, der vor allem aber auch zum Handeln motiviert.
Und der einem auch Mut gibt, gegen das Unrecht anzugehen! Man kann solche positiven Auswirkungen gerade des Christentums auf jeden Fall finden. Aber ich bin eben der Meinung, das kann man auch bei anderen Religionen.

Was ist für dich der Maßstab, an dem du Religionen mißt?
Wie tolerant sind die gegenüber Andersdenkenden? Besteht da die Möglichkeit zur Differenzierung zwischen Ratio-Welt und Religions-Welt, kann man also rationaler und gläubiger Mensch zugleich sein? Das heißt auch: Läßt die Religion auch Platz für unabhängige Wissenschaft? Und: Leben die in einer Gesellschaft, wo Staat und Religion definitiv getrennt sind? Wo der Staat humanistisch-aufgeklärten Prinzipien gehorcht?

Du hast die Gospelgottesdienste angesprochen – ist das eine Schnittstelle, wo du als Musiker dich besonders drin wiederfindest?
Gerade für mich so als Piano-Typ, der in stillen Stunden auch alleine am Klavier sitzt oder komponiert – da habe ich schon manchmal diese spirituellen Abfahrten, daß mir da ein Schauer über den Rücken läuft. Wo ich zwar einerseits rational sagen kann: „Da klingen Erinnerungen, da hast du schon mal die Harmoniefolge gehört, da hat dich das und jenes angemacht ..." Aber eben da spüre ich manchmal: „Nee, das ist es jetzt nicht nur. Jetzt habe ich das Gefühl, da geht in mir irgendeine Kraft ab." Und das ist auf jeden Fall die Parallele zu der Gospelmusik, die ich als Funk-Musiker natürlich als eine meiner definitiven Roots habe. Gospel, Blues, Soul – und wenn ich da so eine Ausprägung sehe, daß Leute sowohl musikalisch als auch spirituell-religiös ganz of-

fen in ihrer christlich motivierten Richtung sind, macht mich das an; und das kann mich dann auch überzeugen, in dieser Abteilung mitzufeiern.

Deine Solo-CD hast du ja nachts in ganz ruhiger Stimmung im Musik-Pavillon aufgenommen. Gab es da auch Momente von religiöser Erfahrung, von tiefer Sinn- oder Seinserfahrung?
Spirituell, ja. Aber schon von irgendeiner Gotteserfahrung, unter dem Motto: „Da ist irgendwas!"
Das kann auch auf der Bühne passieren, wenn man mal so abfährt; dieser Massenkick, daß da so viele Leute stehen und zuhören, die Lautstärke – das kann ein ganz normaler Song sein, den ich hier in ganz normaler Lautstärke spiele und übe, aber wenn ich den auf der Bühne laut mit der Band spiele, können mich ganz gewisse Parts richtig umhauen, wenn die ganze Atmosphäre stimmt. Als wenn dann von oben so ein Blitz einschlägt und gesagt wird: „Da! Hier ist noch was!" Weil es ja so abgefahren ist, daß das dann auch so viele Leute erreicht. Wissenschaftlern ist es zwar immer wieder möglich, auch das ganz rational zu erklären, aber trotzdem kann mir doch keiner nur mit rationalen Sachen hundertprozentig weismachen, warum ausgerechnet eine Harmoniefolge über C-Dur, a-moll, d-moll, F und G immer wieder gespielt wird und in den verschiedensten Kulturen offenbar ganz viele Typen herzmäßig erreicht.
Oder auch Leute, die ein absolutes Gehör haben und in verschiedenen Tonarten noch unterschiedliches Feeling erkennen und sagen: „Ja, so ein Stück sollte man lieber in c-moll spielen als in d-moll." Gerade über das Klavier als musikalischer Fake – weil das ja wohltemperiert ist, eigentlich könnte es das nicht geben, daß du Quintenzirkel direkt wieder von C zu C zurückkommen läßt, sondern du würdest in andere Zirkel wieder fortkommen – das ist schon abgefahren, daß Leute das so fein mitkriegen.
Rhythmus ist auch eine ganz wichtige Sache, die eben auch in Spiritualität und Religion immer wieder verwandt wird.

Wenn du selber auf der Bühne stehst – sind dir dann die Aussagen der Texte auch besonders wichtig?
Es gibt ohne weiteres Songs, die ich auch selber höre – einige meiner Lieblingssongs sogar –, da könntest du mich fragen: „Worum geht's denn da?", und ich müßte antworten: „Keine Ahnung, noch nie drauf geachtet!" Es kommt also immer darauf an, worauf man achtet, und wenn man einen Song in deutscher Sprache hört, ist es natürlich so, daß das Ohr auch stärker darauf gerichtet ist. Deswegen kann man manche deutschen Stücke ja auch nicht ertragen, obwohl der Text ähnlich schlecht ist wie in manchem James Brown- oder Beatles-Song. Bei mir als Musiker steht aber immer die Musik im Vordergrund. Ich habe die Gabe, selbst wenn mir der Text jetzt überhaupt nichts sagt, den dann auch zu überhören. Ich höre dann die Melodie und die Musik.

Der Blick für das Machbare und Reale – meintest du das auch, als du eben sagtest, man müsse Religion und Ratio vereinen, also nicht den Verstand an der Kirchentür abgeben?
Genau. Ein Beispiel wäre das Tempolimit: Das ist ökologisch sinnvoll, in einem Autofahrerland aber kaum möglich. Außerdem fahre ich selber gerne schnell und bin deshalb dagegen. Also muß ich in mir differenzieren: Rational-ökologisch gesehen, bin ich absolut für das Tempolimit. Das ist die eine Seite. Dann ist da der Macht-Aspekt: Wenn ich wie die Grünen vor der Wahl sage: „Tempolimit ja", gewinne ich nicht unbedingt die Wahlen. Und dann ist noch die dritte Seite meines ganz persönlichen Heie-Interesses, wo ich alle Ratio wegkicke, weil ich einfach merke: „Ich habe da keinen Bock drauf!" Ich träume auch davon, mir mal ein schnelles Auto zu kaufen, wenn ich es mir denn irgendwann mal leisten kann. Und dann will ich nachts auch mal mit zweihundert durchziehen und mich dabei geil fühlen – es ist einfach ein geiles Lebensgefühl!
Ich gebe zu: Man muß irgendwann Farbe bekennen, aber es ist eben – gerade auch in bezug auf Religion – wichtig zu differenzieren.

Dein dritter Punkt wäre dann die Absage an einen jenseitig begründeten Altruismus: Leben und Genuß auch hier und jetzt!
Das ist mir ganz wichtig. Da spricht dann wahrscheinlich mehr die rationale Seite, weil ich Angst habe, daß ich es irgendwann nicht mehr erleben kann, und es eben gerne noch mal mitnehmen will. Ich bin mir aber vollkommen der Tatsache bewußt, daß das arrogant und gemein ist gegenüber Leuten in Afrika, deren Rohstoffe wir aufbrauchen. Ganz klar. Aber das ist dieses Grundgefühl, das mir dann eben doch wichtiger ist.
Und was Religion angeht, habe ich mit Dogmatismus ein großes Problem. Da stehe ich dann – in Anführungsstrichen – auch in so einer „FDP-Mentalität", auch wenn das jetzt gerade eine definitive Zahnärzte- und Steuersenkungspartei ist. Aber der liberale Grundgedanke an sich, der ist mir sehr wichtig.

Der Spaß am Brechen von Regeln und Tabus, z.B. bei Viva die Hosen fallen zu lassen – kommt der auch daher?
Das ist einerseits dieses Alt-Punkische, ein bißchen provozieren zu wollen. Ich komme ja eigentlich aus den Siebzigern / Achtzigern, da waren wir bei gesellschaftlichen Diskussionen in vielen Dingen schon so weit, auch über platten Konsum schon hinweg. Wir haben in ganz vielen Dingen sehr kritisch gedacht – z.B. daß eben nicht nur Reichtum was bringt, sondern auch Selbstverwirklichung; all diese Dinge, die ganz wichtig sind. Und durch das Aufbrechen dieses Ost-West-Konfliktes und durch die Ära Kohl wurde das wieder zunichte gemacht.
Ich habe an Beispielen wie Saddam Hussein auch bei mir gemerkt, daß ich in der heutigen Welt kein Pazifist mehr bin. Überhaupt nicht: Ich bin für UNO-Mandate, für Blauhelm-Einsätze, für Gewalt, wenn es denn sein „muß", in Anführungsstrichen. Aber das liegt daran, daß es früher noch diese Ost-West-Teilung gab. Da war ich dafür: totale Entspannung, damit da erst mal Vertrauen entstehen kann. Und ich find's ganz gemein, daß Kohl & Co. ausgerechnet in der Zeit an der Regierung waren, als das alles auf-

brach, weil da vorher viel mehr in die Richtung gearbeitet wurde. Und das war reine Glückssache, das hätte auch so enden können wie auf dem „Platz des Himmlischen Friedens".

Die Normen in der Gesellschaft verändern sich ganz schnell wieder. Und ich halte uns wieder für so konservativ und spießig auf ganz vielen Gesellschaftsebenen, als ob es die Achtundsechziger nie gegeben hätte. Und da finde ich es dann eben geil, wieder so Flitzer-Aktionen zu machen.

Gab es damals unter Jugendlichen eine stärkere geistige Auseinandersetzung?
Da hatte ich zumindest das Gefühl.

Heute ist statt Kirchentag die Love Parade das große Erlebnis.
Und das zeigt ja diese Niveaulosigkeit, die eben auch über die Marktwirtschaft kommt, die nun halt voll gegriffen hat. Freigabe der Medien an private Anbieter – finde ich eigentlich gut, aber die allgemeine Volksbildung eben auch über die Medien blieb dabei absolut auf der Strecke. Der Markt hat eben leider überall reingegriffen, und das müssen wir anerkennen, damit müssen wir arbeiten.

Und genauso ist es auf der Religionsebene: Die Religion bzw. die Kirche muß da nicht schleimig draufspringen und irgendwelche Techno-Gottesdienste machen, das finde ich irgendwo lächerlich – aber sie kann gerne auch mal gewisse Grundmessages auf zweieinhalb Minuten-Formate verkürzen. Auf *Antenne* kommen manchmal so Nachtgedanken. Die finde ich natürlich nicht so gut wie eine richtige Sache auf *NDR 4*, aber ich finde es gut, das nicht einfach abzugeben, sondern zu sagen: „Ich will da zumindest noch normativ mitmischen und auch für ethische Sachen – die einerseits rational, aber auch spirituell und religiös sind – und für humanistische Sachen wie Gleichberechtigung, Hoffnung, Relaxt-Sein eintreten. Ich will auch an die denken, die im Sterbebett liegen, an die Schwächeren usw.; will dafür sorgen, daß darauf geachtet wird." Und das ist meiner Ansicht nach eben auch die Aufgabe von – in Anführungsstrichen – „von mir akzeptierter" Religion wie dem evangelischen Christentum. Die haben die Aufgabe, auf solche Sachen zu pochen, gerade in Zeiten, in denen jeder ellenbogenmäßig sehen muß, wo er bleibt.

Das heißt, die evangelische Kirche muß die multikulturelle Gesellschaft, Wertepluralismus usw. als Herausforderung annehmen und sich offensiv damit auseinandersetzen.

Genau, vor allem: Anbieten! „Wir bieten euch an: In der Stunde der Scheiße könnt ihr euch mit unseren Gedanken auseinandersetzen und etwas von unserer Hoffnung teilen! Wir haben auch eine Tradition. Wir bieten ein Plenum, wo die verschiedenen Generationen miteinander in Kontakt kommen! Undundund ..." Solche Sachen müssen herausgearbeitet werden, und natürlich gibt es die Gefahr, daß das einhergeht damit, daß die Spiritualität vollkommen vergessen und alles ein großer Sozialarbeiterbetrieb wird – nur wäre das eben schade. Dann würden einige wohl abwandern in den Katholizismus, Fundamentalismus oder irgendwohin, wo sie sich mehr in Ritualen geborgen fühlen können, wo ihnen die Regeln explizit in den Kopf gepreßt werden. Aber ich fände es schade, wenn man sich da noch mehr anpaßte und mit Regeln um sich schmeißt, sondern man soll anbieten!

Und so eine gewisse relaxte Arbeit als Pastor kann eben nur laufen, wenn man sich über Kohle keinen Kopf machen muß. In anderen Ländern wie z.B. Frankreich gibt es eben keine Kirchensteuern, und da muß der Pastor natürlich gucken, wo in seiner Gemeinde das Geld herkommt. Er muß sich ein Stückweit dem Markt anpassen. Und das kann dazu führen, daß er den Leuten nach dem Munde redet usw., das wäre die traurige Seite. Aber es wäre gut, wenn man das hier ein bißchen besser organisieren würde, wenn die Leute mehr Einfluß nähmen und es ihnen auch transparenter würde, wieviel wertvolle Arbeit hier auch gemacht wird – das müssen die Leute überhaupt erst mal wieder kapieren.

Kirchenaustritt ist demnach definitiv kein Thema für dich?
Das sage ich jetzt so. Momentan habe ich allerdings auch noch nie wirklich Steuern gezahlt, weil ich noch nie wirkliche Einnahmen hatte, sondern immer wieder investiert habe. Aber es ist schon so, daß ich mir erhoffe, daß ich – auch aus Traditionsgründen – dem Verein nicht einfach so sang- und klanglos den Rücken kehren werde. Und ich erkenne eben an, daß auch viele gute Sachen gemacht werden. Ich weiß das ja auch aus der Friedensbewegung, in der mein Vater aktiv war: Die haben sich wirklich Gedanken gemacht, und solche Freiräume bietet eben nur so was wie die Kirche.

Ganz deutlich ja in der DDR.
Definitiv. Da hat die Kirche mal wieder eine ganz tolle Schlüsselposition erfüllt, und das könnte sie z.B. gerne auch stärker herausstellen.

Wobei die „Wiedervereinigung", oder vielmehr: der Beitritt, allgemein ja nur noch unter wirtschaftlichen anstatt unter ideellen Aspekten verhandelt wird.
Weil ideelle Werte eben auch ganz schnell enttäuscht werden. Ich weiß noch, wie Lafontaine fast schon dafür angespuckt wurde, weil er – in weiten Teilen – im Prinzip nur das vorausgesagt hat, was später kam. Aber das ist auch wieder die Doofheit der Sozialdemokraten damals gewesen, eben nicht wirklich zu schnuppern und real zu gucken: „Was ist denn hier die Gesellschaft? Wer sind denn die Wähler?" Und da läßt sich wieder eine Parallele zur Kirche ziehen, die öfter mal überlegen müßte: „Wie sieht es denn wirklich aus? Was ist denn hier jetzt zu tun?"

Moby

„Ich liebe Christus, aber die Christenheit bedeutet mir im Moment nichts"

Ich habe gelesen, daß deine Mutter Hippie war. Hat sie dich religiös erzogen?
Nein, sie war eine Art Pantheist, sie hat sich aus verschiedenen Religionen Dinge herausgepickt. Im Prinzip hat mich das nur insofern beeinflußt, als daß sie sehr tolerant war und mir nie vorgeschrieben wurde, was ich zu glauben hätte.
Ich war immer schon am Christentum interessiert, und als ich so zwanzig war, gab mir ein Freund das Neue Testament zu lesen. Und irgendwie schien es mir einfach richtig zu sein. Während ich las, dachte ich: „Hey, dies stimmt!" Denn ich hatte am College schon Religion studiert, mit Taoismus und anderen Dingen geflirtet, aber die Lehren Christi erschienen mir als das Göttlichste, das

ich bisher kennengelernt hatte. Ich wußte, daß Christus auf eine merkwürdige Art Gott war.
Ich versuch's mal mit einer Analogie: Wenn du eine Straße runtergehst und eine Frau oder einen Mann oder wasauchimmer triffst und dich in sie verliebst, mußt du dir die Frage stellen: Okay, was nun? Was machen wir? Die konventionelle Variante ist: Heirate, kauf ein Haus, bekomme ein paar Kinder... – aber vielleicht ist das nicht der beste Weg. Wer weiß schon, was der beste Weg ist?
Als ich Christ wurde, habe ich zunächst versucht, sehr konventionell zu sein. Ich dachte mir: „Okay, ich denke, daß Christus Gott ist, und daher muß ich mit all den anderen Leuten übereinstimmen, die das auch denken; also werde ich zur Kirche gehen und versuchen, mich in christliche Gruppen einzubringen." Aber nach einiger Zeit fühlte ich mich dabei einfach nicht mehr wohl.
In meinen Augen ist einer der großen Fehler von Religionen und sehr vielen religiösen Institutionen, daß die meisten versuchen zu limitieren, was im Grunde ein chaotisches Universum ist. Sie versuchen, es sehr klein und schmal zu machen, während es in Wahrheit riesig ist – verstehst du, Gott und das Universum sind älter, als wir es uns vorstellen können; größer, als wir es uns vorstellen können – und Religion scheint das marginalisieren zu wollen. So fand ich mich im Laufe der Zeit im Widerspruch zu vielen christlichen Dogmen; ging zwar zur Kirche, stimmte aber mit vielem von dem, was dort gesagt wurde, nicht überein.

Welche Dogmen zum Beispiel?
Sehr viel davon bezieht sich auf die Sprache. Es ist schwer für mich, irgend etwas Spezifisches zu nennen, aber was ich an Christi Lehren liebe, ist, daß sie nichts über die Natur und Beschaffenheit des Universums aussagen. Und das aus gutem Grund, denke ich: Weil wir nämlich nichts über die Natur und Beschaffenheit des Universums wissen können! Also warum über etwas reden, das wir nicht wissen können?
Christus spricht im wesentlichen darüber, wie wir uns verhalten

sollen. Du kannst immer hinterfragen, warum man zum Beispiel mildtätig sein soll, Mitleid haben, Gott lieben, das Universum lieben und auch an Selbstaufopferung glauben soll. Die Frage ist: Warum wollte Christus, daß wir daran glauben?
Und das ist die Frage, die niemals gestellt wird. Und: Was ist das Ziel? Wenn du sie nach dem Ziel fragst, antworten sie: „Nun, um in den Himmel zu kommen." – Was meint ihr, was ist der Himmel? Das ist ein weiteres Problem, das ich habe: Die Sprache ist viel zu unspezifisch. Sie sind sehr rigide, benutzen dabei aber unspezifische Sprache. Wenn du jemandem den Weg zu deinem Haus beschreiben willst, sagst du ja auch nicht: „Oh, du fährst da halt so rum, und dann wirst du etwas Gelbes sehen, fahr da dran vorbei ..." Benutze Sprache und sei konkret!
Wenn es in christlichen Dogmen heißt: „Du mußt erlöst werden, um in den Himmel zu kommen", dann muß man mir erklären können, was es konkret bedeutet: erlöst wovon und wohinein? „Um in den Himmel zu kommen." Nun gut, was ist der Himmel, wo ist das ...? Ich würde solche Begriffe lieber nicht benutzen und das, was zweideutig und unerfahrbar ist, einfach akzeptieren.

Warum, denkst du dann, solle man an Christus glauben?
Das Komische ist: Ich weiß nicht, ob die Leute an Christus glauben sollten. Ich bin kein Missionar. Vielleicht bin ich das mal an einem Punkt in meinem Leben gewesen, aber an diesem Punkt meines Lebens besteht mein Glaube darin, daß ich Christus liebe, aber nicht zu irgend jemandem hingehen könnte und sagen, was er oder sie glauben sollte. Denn mein Glaube verändert sich. Die Eigenart meines Glaubens heute unterscheidet sich ziemlich von der meines Glaubens vor fünf Jahren. Und in wiederum fünf Jahren wird sie wahrscheinlich wieder anders sein. Ich fühle mich nicht wohl dabei, zu den Leuten zu gehen und zu sagen „DAS sollt ihr glauben!" Das Beste, was ich tun kann, ist, mit ihnen zu sprechen und zu sagen: „Dies ist, was ich glaube, und das sind die Gründe dafür" – und sie dann ihre eigenen Überlegungen und Entschei-

dungen machen zu lassen. Ich will gar nicht versuchen, jemanden zu beeinflussen; das ist so anmaßend

Aber du denkst, daß die Lehren Christi Sinn machen.
Sie machen Sinn auf vielen verschiedenen Ebenen. Es erscheint mir einfach so *göttlich*. Es erscheint nicht wie etwas Gewöhnliches, es erscheint nicht menschlich in dem Sinne, daß diese umfassende Einsicht – wie eben die andere Wange hinzuhalten – von Menschen kommen könnte; für Menschen ist das zu radikal.

Wenn du es als etwas Göttliches bezeichnest – bedeutet das, daß es der menschlichen Natur widerspricht? In einem deiner Essays schreibst du ja, es wäre die genetische Veranlagung des Menschen, sich auf eine gewisse Art entgegengesetzt zu den Idealprinzipien zu verhalten.
Ich finde, es ist komisch, denn die Lehren Christi scheinen mir sehr bestimmt unseren natürlichen Instinkten zu widersprechen. Im wesentlichen bestehen unsere natürlichen Instinkte darin, sich um uns selbst zu kümmern und egoistisch zu sein, unser genetisches Material in die Zukunft zu schicken, uns selbst und die Dinge um uns herum zu beschützen und auch gewalttätig zu werden, wenn wir müssen. Und die Lehren Christi laufen dem genau entgegen. Das macht mir Schwierigkeiten, um ganz ehrlich zu sein, denn ein Teil in mir genießt es wirklich, menschlich zu sein. Weißt du, ich mag Sex, und ich mag es auch manchmal, egoistisch zu sein, und es fällt mir schwer zu sagen: „Okay, ich gebe all das auf!"
Aber eine andere Sache, die ich an Christus ausgesprochen mag, ist sein Mitgefühl für menschliche Schwäche. Er ist in dem Sinne kein richtender Gott; es ist ja bekannt, daß er mit dem Abschaum der Menschheit herumhing, mit Prostituierten und Zöllnern. Das sagt uns heute wenig, aber Zöllner waren so ungefähr wie Kinderpornographen; Juden, die für die Römer gearbeitet haben, unberührbare Drecksserle also. Mit denen gab man sich damals als Jude nicht ab. Das zeigt sein Verständnis für menschliche Befind-

lichkeiten, denn es ist nicht gerade leicht, Mensch zu sein und die natürlichen Instinkte zu überwinden.
Ein anderes Problem, das ich mit vielen Christen heutzutage habe, ist, daß sie andere Menschen ihrer Schwächen beschuldigen und sie verurteilen. Im wesentlichen auch die Kirche, die sagt: „Du bist schlecht und sündig", weißt du: „Du warst bei der Frau und hattest Sex mit ihr? Du bist schlecht und sündig!" Nein, menschlich! Es ist wirklich nicht einfach, gegen das genetische Erbe von Millionen von Jahren anzukämpfen. Und ich denke wirklich, daß eine Kirche, die ich lieben würde, eine tolerante, liebende und Mitgefühl zeigende Kirche sein müßte.

Du gehörst also gar keiner Kirche an?
Nein, ich liebe Christus, aber die Christenheit bedeutet mir im Moment nichts. Sie schreckt mich ab, besonders in Amerika. Andererseits ist das nicht fair – kennst du das Sprichwort „One bad apple spoils the bunch"? In den Staaten sind die lautesten Christen auch die widerwärtigsten. Sie spielen sich als Richter auf, sind homophob, rassistisch und gehässig – aber nennen sich selbst Christen! In meinen Augen haben sie nichts mit der Lehre Christi zu tun. Wo Christus erbarmungsvoll ist, sind sie haßerfüllt. Wo Christus tolerant ist, sind sie intolerant. Wo Christus vergibt, sind sie nachtragend. Wo Christus mild ist, sind sie streng. Ich weiß, daß es auch gute Christen gibt, von Herzen tolerant, voller Mitleid, Nächstenliebe und Bescheidenheit, aber die Christen, die ich sehe, sind laut, widerwärtig und machen es mir schwer, mich noch Christ zu nennen.

In der Bibel wird auch Gott stellenweise als streng und richtend beschrieben. Sind das deiner Meinung nach unterschiedliche Sichtweisen verschiedener biblischer Autoren?
Das ist schwer, ich weiß auch nicht, wie man diese beiden Dinge unter einen Hut bringen kann. Wenn du nur das Alte Testament liest, da befiehlt Gott seinen Generälen, jeden Mann, jede Frau,

jedes Kind und jedes Tier zu töten. Und der Grund, warum er so wütend auf Saul wird, ist, daß Saul in ein Dorf geht und eben nicht alle Frauen, Männer und Tiere umbringt. Er läßt die Tiere zurück. Und dann sagt Gott zu Saul: „Was höre ich da für Krach? Das sind Laute von Tieren. Du solltest aber alle Tiere töten!" Und da fällt Saul in Ungnade. Man könnte also sagen, Saul fällt vor Gott in Ungnade, weil er zuviel Mitleid hat. Ich habe keinen Schimmer, wie man den Christus-Gott des Neuen Testaments und den Gott des Alten Testaments vereinen kann. Ganz gewiß ist das nicht einfach ein Schwarz-Weiß-Ding. Denn auch Christus ist manchmal ziemlich aggressiv, und der Gott des Alten Testaments ist zuweilen ziemlich mitfühlend. Ich hab's noch nicht rausgefunden, wie man das unter einen Hut kriegt, aber das muß ich auch gar nicht, weißt du, das ist nicht mein Job. Nicht alles muß passen, ein paar Unstimmigkeiten kann ich akzeptieren: Okay, ich verstehe es jetzt nicht, vielleicht werde ich es nie verstehen, ... aber da gibt es viele Dinge, die ich nicht verstehe.

Wer oder was ist Gott für dich?
Nun, sehr einfach gesagt: Ich sehe mich um in der Welt und sehe, daß sie zu kompliziert ist, als daß sie per Zufall entstanden sein könnte, und daher denke ich, daß es eine Kraft gibt, die die Dinge geschaffen hat. Woraus oder wofür, da habe ich keine Ahnung.
Und ich glaube auch, daß das, was wir sehen, nicht das ist, was wirklich ist. Es ist nur ein Aspekt davon. Ich würde sagen, daß es so etwas wie eine Wahrheit, die menschliche Wesen verstehen können, gar nicht gibt. Wir können das nicht begreifen. Die Welt ist zu kompliziert, als daß wir sie verstehen könnten.

Was für Konsequenzen hat dein Glaube für dein Alltagsleben?
Im täglichen Leben, glaube ich, manifestiert sich mein Glaube am stärksten darin, daß ich nicht dem Urteilswahn anhänge. Ich sage nicht, daß ich nicht auch verurteile, ich bin eine richtende, unangenehme Person, aber die Lehren Christi ziehen mich davon weg.

Und, weißt du, wenn ich merke, daß ich intolerant werde, sage ich mir: „Nun, Christus war tolerant gegenüber weitaus schlimmeren Dingen." Es ist diese ganze Vorstellung: Vergib, so wie dir vergeben werden soll. Und urteile nicht anders, als du auch beurteilt werden sollst. Ich habe viele Dinge getan – und tue immer noch viele Dinge –, für die ich scharf verurteilt werden sollte, und wenn ich aber nicht dafür verurteilt werden möchte, muß ich lernen, mitfühlend anderen Menschen gegenüber zu sein. Und auch die menschliche Beschaffenheit akzeptieren, und akzeptieren, daß Menschen einfach Fehler machen. Ich denke, wir leben in einer komplizierten Welt, daher ist es nicht meine Aufgabe, andere Leute zu verurteilen, ihnen gegenüber intolerant zu sein oder sie zu hassen. Und wenn ich merke, daß ich wütend werde, muß ich eben lernen, nicht wütend zu werden.

Wie sieht deine religiöse Praxis aus?
Mein religiöses Leben besteht darin zu beten, in der Bibel zu lesen, mir meine Umwelt anzusehen, mit Freunden zu reden, Interviews zu geben, Essays zu schreiben ... hoffentlich zu versuchen, mir dessen bewußt zu sein, was um mich herum passiert, meine Augen offen zu halten.

Techno erscheint als sehr individualistisch, und es gibt auch kaum Texte. Ist das ein Kontrast zu dem, was du ausdrücken möchtest?
Musikalisch möchte ich Mehrdeutigkeit ausdrücken. Die Texte, die ich schreibe, sollen entweder sehr einfach oder sehr vieldeutig sein. Es ist kompliziert, wenn es um Kunst geht; Kunst ist von Natur aus vieldeutig. Wenn jemand sagt: „Ich habe dieses Lied geschrieben, und es geht darum, wie ich zur Arbeit fahre, nachdem ich mich von meiner Freundin getrennt habe, und zwar nur darum", dann geht es immer noch um hunderttausend andere Dinge, ob der Autor es weiß oder nicht. Es liegt noch mehr Bedeutung darin; vom semiotischen Standpunkt aus könntest du es wahrscheinlich zerlegen, und es bedeutet eine Million verschiedener Dinge. Da

könnte jemand singen, wie sehr er Gott liebt, und es würde mir vielleicht überhaupt nichts bedeuten. Dann wieder könnte jemand singen, wie sehr er sein Auto liebt, und mich damit zum Weinen bringen. Die Texte selbst können also wichtig sein, sind es aber nicht zwangsläufig.

Warum veröffentlichst du Essays in den CD-Booklets?
Wenn du dir z.B. einen Staubsauger kaufst und ihn in Betrieb nehmen willst, hast du in der Gebrauchsanweisung Bilder und Wörter. Beides hilft, gewisse Dinge zu beschreiben. Und wenn ich eine Platte mache, beschreibt die Musik etwas und auch die Essays – beides zusammen ergibt dann hoffentlich eine Einheit. Techno ist für mich nicht nur eine musikalische, sondern auch eine philosophische Plattform. Ich will unbedingt Inhalte transportieren, wenn ich schon die Chance dazu habe. Techno ist die Jugendkultur dieses Jahrzehnts. Also erreiche ich dadurch auch eine Menge Menschen, vor allem junge Menschen.

Die meisten deiner Stücke mit religiös gefärbten oder zumindest assoziierbaren Titeln sind Instrumentalstücke.
Die Musik existiert immer vor dem Songtitel. Der Titel ist normalerweise immer das Letzte, was ich mache. Und um ganz ehrlich zu sein: Ich zerbreche mir darüber nicht besonders den Kopf. Ich denke darüber nach, nachdem alles fertig ist, aber wenn ich die Musik mache und den Titel, geht es mehr darum, was mir vom Gefühl her passend erscheint. Wie auf einer intuitiven, instinktiven Ebene. Ich reflektiere das nicht besonders. Das kann ich später immer noch tun, aber ich habe Angst, zu konkret zu werden. Ich nehme lieber Titel, die mehrdeutig und offengehalten sind, von daher lege ich also nicht allzuviel Bedeutung dahinein.

In einem der Essays schreibst du, daß du die Moderne nicht ablehnst, daß aber andererseits die Dinge so nicht weitergehen können. Eine Lösung hast du jedoch auch nicht. Denkst du, daß jeder seine eigene

Lösung finden muß, seinen eigenen Kompromiß schließen muß, wie er versucht, seine Ideale und das Leben zu vereinen?
Yeah, ich kann nur mich und meine Freunde als Beispiel nehmen. Ich denke, der Weg, den wir gehen sollten, ist der, die Welt um uns herum zu betrachten und die Art zu akzeptieren, wie die Welt nun einmal ist. Und dann zu versuchen, mitfühlend und ehrlich zu sein. Nicht zu richten und sich kräftig zu bemühen. Sei ehrlich zu den Menschen und verbringe Zeit mit deinen Freunden. Geh nach draußen, wann immer es geht... Tu die Dinge so einfach wie möglich und versuche gleichzeitig, sie zu verbessern. Und das bedeutet für jeden etwas anderes.

Und das liegt dann an der Fähigkeit oder dem guten Willen des einzelnen?
Ich weiß nicht – ja, klar. Hoffentlich einigen wir uns auf dieselben Dinge. Das scheinen wir zu tun. Siehst du, wir können uns alle darauf einigen, daß es schön ist, an einem warmen, sonnigen Tag draußen zu sein (lacht). Wir stimmen alle überein, daß es Spaß macht, in warmem Wasser zu schwimmen. Wir stimmen alle überein, daß es schöner ist, Zeit mit Leuten zu verbringen, die du magst, als keine Zeit mit Leuten zu verbringen, die du magst. Eines unserer Ziele sollte sein: Wie können wir das öfter tun? Und wie können wir eine Welt gestalten, in der jeder die Möglichkeit hat, das zu tun? Und da gibt es so viele wirklich einfache Dinge zu tun: Aufhören, andere umzubringen. Aufhören, andere zu vergewaltigen. Aufhören, sich über andere aufzuregen. Aufhören, diktatorische Regierungen zu tolerieren... was auch immer – das sind sehr einfache Dinge, mit denen man anfangen kann (lacht). Und auch Wege zu finden, eine hohe Lebensqualität für so viele Menschen wie möglich zu gewährleisten.

Da könnte man entgegnen, das ist nicht nur einfach, sondern auch sehr naiv, unrealistisch.
Nun, es fängt klein an. Das nächste Mal, wenn du dich über je-

manden aufregst: Beherrsch dich. Das nächste Mal, wenn du merkst, daß du im Begriff bist, jemanden zu beleidigen: Laß es. Das nächste Mal, wenn dich ein Obdachloser um Geld bittet: Gib es ihm. Dies sind ganz einfache Dinge. Und wenn sie jeder täte ...

Du sagtest, es gibt grundlegende Dinge, auf die sich alle einigen. Denkst du auch, daß die verschiedenen Religionen nur verschiedene Reflexionen ein und derselben Grundwahrheit sind?
Ah, die alte Frage, so ungefähr: Gott ist oben auf dem Berg, und die Religionen verschiedene Wege dorthinauf? Ich habe keine Ahnung!
Es fällt mir sehr schwer, da zu verallgemeinern, denn in jeder Religion gibt es Gutes und Schlechtes. Keine Religion kann auf eine gute Geschichte zurückblicken (lacht). Jede Religion trägt Dinge mit sich herum, über die sie nicht so gerne spricht. Islam, Hinduismus, Judentum ... all diese Religionen haben auch schlechte Seiten. Schlimme Dinge wurden im Namen aller dieser Religionen getan. Das ist Teil der menschlichen Natur. Es ist unglücklich. Und es erscheint besonders absurd im Christentum, daß schlechte Dinge getan wurden im Namen Christi, der so ausdrücklich gewaltfrei ist. Der Gedanke, daß Gewalt im Namen Christi verübt wird – puh, das belastet mich. Oder Buddhismus. Der Gedanke daran, daß Grausamkeiten im Namen des Buddhismus als einer gewaltlosen Religion ausgeübt wurden...

Du sagtest, Religion wäre der Versuch von Sinnfindung in der Welt. Habe ich dich richtig verstanden, daß du denkst, es hat keinen Zweck, das riesige Universum verstehen zu wollen, und man daher versuchen solle, seine überschaubare Nachbarschaft zu verstehen?
Hm, ich denke, man muß akzeptieren, daß wir gar nichts verstehen können. Gib mir einen einzigen Quadratzentimeter von irgend etwas, das es hier auf der Erde gibt, und ich verspreche dir, daß man es bis an den Punkt zerlegen kann, an dem du es nicht

mehr verstehst. Aber ich nehme an, wenn wir erst einmal zugeben, daß die Welt groß und chaotisch ist und wir ihren Sinn nicht erfassen können, hält uns das davon ab, anderen Leuten unser Verständnis der Dinge aufzuzwingen. Wenn ich Präsident der Welt wäre, hieße das eine Gesetz, von dem alle anderen Gesetze ausgehen müssen: „Jede Handlung, die ein Individuum ausführen will und die nur das Individuum berührt, ist in Ordnung; und jede Handlung, die auch andere berührt, darf auch von anderen beurteilt und geregelt werden." Wo ein Individuum Dinge tut, die andere Menschen berühren, sind wir gemeinsam berechtigt, einzuschreiten und Ja oder Nein zu sagen. Wenn du jemanden schlägst, jemanden verletzt, wenn du jemandem Schaden zufügst, sind wir berechtigt, dich daran zu hindern und zu sagen: „Das ist falsch."
In meinen Augen ist das das grundlegende Gesetz. Eine Art „Behandle die anderen so, wie du von ihnen behandelt werden willst", nur eben ein bißchen deutlicher ausbuchstabiert.

In deinen Essays unterscheidest du zwischen ethischen und ästhetischen Prinzipien.
Die Leute laufen definitiv Gefahr, das zu verwechseln, und sehr oft treffen Menschen ethische Entscheidungen auf der Grundlage der äußeren Erscheinung. Und sehr viel davon ist rein ästhetisch. Zeig jemandem aus dem Jemen eine amerikanische Flagge, und er wird sich aufregen. Und es ist bloß ein Stück Stoff (lacht). Und Amerika ist ein komplizierter Ort, du kannst es nicht einfach verallgemeinern. Amerika ist gut und Amerika ist schlecht. Es tut einige Dinge gut und andere sehr schlecht, und das trifft auf jedes Land zu.
Nimm z.B. Serbien: Wenn ein Serbe einen dunkelhäutigen Moslem über die Straße gehen sieht, regt er sich auf, und das ist eine rein ästhetische Sache. Ich glaube, Menschen verwechseln die ästhetische und ethische Ebene sehr oft.

Eine Konsequenz deiner Ideale ist es, daß du sehr kritisch Veranstaltern gegenüber bist.
Ich habe wirklich große Schwierigkeiten damit, Shows zu spielen, die von der Zigarettenindustrie gesponsort werden. Und eine Zeitlang schien jeder Rave, jedes große Festival von einer Zigarettenfirma gesponsort zu sein.

Hier sind es heutzutage vor allem Brauereien.
Bier stört mich nicht so. Raucher stören mich auch nicht so, aber Zigarettenhersteller stören mich. Sie wissen, daß sie etwas verkaufen, das süchtig macht und Leute tötet. Ich weiß nicht, wie zum Teufel sie das tun können. Wenn du für einen Zigarettenhersteller arbeitest – wie kannst du nachts schlafen?
Im Laufe meines Lebens habe ich schon Konzerte gegeben, die von der Zigarettenindustrie gesponsort wurden, aber normalerweise finde ich das in der letzten Minute noch raus. Einmal sind wir in Rumänien aufgetreten, und als ich ankam, hing da überall riesige Zigarettenwerbung; was konnte ich tun, weißt du? Aber als wir einmal auf einem MayDay aufgetreten sind, der von Marlboro gesponsort wurde, hatten sie diesen Riesenlaser und zig Scheinwerfer mit dem Marlboro-Logo. Ich sagte: „Ich trete hier nicht auf, das kann ich nicht!" Und so haben sie für mein Set eben alle entsprechenden Scheinwerfer ausgemacht (lacht).

Du hast natürlich auch genug Geld, es drauf ankommen zu lassen.
Das ist ein sehr wichtiger Punkt, denn ich habe schon genug verdient, indem ich andere Sachen gemacht habe. Wenn mir jemand einen Batzen Geld dafür anbietet, ein von der Zigarettenindustrie gesponsortes Konzert zu geben, kann ich es mir leisten, Nein zu sagen. Wenn da eine junge Band oder ein junger DJ wäre und auftreten würde, würde ich ihnen das nicht vorwerfen. Wie ich bereits sagte, dazu habe ich nicht das Recht. Streng für mich selbst gesprochen: Events, die von Firmen gesponsort werden, deren Politik ich ablehne, stört mich.

Sven Regener – Element of Crime

"Die besten Momente sind da, wo man in der Musik ist"

"No God Anymore" klingt wie eine klare Absage an die Existenz Gottes. "....Anymore" legt allerdings nahe, daß es mal einen Gott – oder eine Vorstellung davon – gegeben hat.

Daß es keinen Gott mehr gibt, ist eher metaphorisch gemeint. Das Lied meint: Es gibt nicht den Einen, der für alles verantwortlich ist. Es geht um das Phänomen, daß jemand meint, um die Welt zu verändern, müßte man nur die oder die Leute von der Macht stürzen; wenn man die killen würde, wäre alles besser und so. Um dann festzustellen: So wie die Welt funktioniert – zum größten Teil, das gilt natürlich nicht für alle Länder, bei Diktaturen ist das gewiß etwas anderes – aber so wie unsere jetzige Welt funktioniert, ist das eine in sich selbst fahrende Maschine, eine Art Perpetuum mobile, das auch unabhängig von konkreten Personen läuft. Weil 99 Prozent der Dinge, die unser Leben bestimmen, durch Politik im engeren Sinne gar nicht mehr erfaßt werden.

Deswegen auch die Zeilen „They always got that Third Man to blame for their crimes, there are too many Harry Limes": In „Der Dritte Mann" ist Harry Lime ja angeblich tot. Und so wird versucht, alles auf diesen nichtexistenten dritten Mann abzuwälzen. Der am Ende Harry Lime selbst ist.

„No God Anymore setzt sich also mit der Unmöglichkeit von Veränderungen in unseren westlichen Gesellschaften auseinander. Ob das jetzt wirklich auch so mein Standpunkt ist, ist noch mal eine andere Geschichte. Das changiert natürlich über die Jahre. Es ist kein Lied, das sagt: So ist das, und so wird das immer bleiben!

„There's no God anymore" heißt zunächst einmal: Es gibt niemanden, der für alles verantwortlich ist, auf den man seine Verantwortung abwälzen und dem man die ganze Schuld zuschieben kann. Von daher ist das metaphorische Verständnis dabei wichtig. Diese Position des für alles Verantwortlichen hat natürlich in der Geschichte immer auch ein Gott eingenommen...

In der vierten Strophe heißt es immer unverbindlich „them" und „they". Sind das dann die Mächtigen, die Regierenden?

Das ist genau das Dilemma, das dieses Lied beschreibt. Das ist ja auch diffus: „them",„ they" – wer ist das denn überhaupt?

Deswegen kann ich persönlich z.B. auch dieses ganze Gemecker über „die Politiker" überhaupt nicht leiden. Das ist Schwachsinn, denn 99 Prozent funktionieren ganz unabhängig davon, was auf deren Ebene passiert und was nicht. Und das ist ein großes Problem. Es ist insofern okay, als die Politik auf diese Weise nicht allumfassend und allmächtig ist; daß viele Dinge in unserem Leben und unserer Gesellschaft einfach auch kulturell bestimmt sind und man sich auch damit auseinandersetzen muß; daß man nicht nur eingleisig auf diese Leute guckt und sagt: „Die da oben sollen das machen", oder: „Die machen das falsch", „Der Kaiser wird schon wissen, was er tut". Ich bin sehr für Demokratie, weil man die Verantwortung da nicht so einfach abwälzen kann. Das ist immer so ein vordemokratischer Standpunkt: zu sagen: „Die da oben machen sowieso, was sie wollen." Aber es ist auch ein Problem: Wie soll man Veränderungen herbeiführen? Oder auch „die Wirtschaft" – da steht immer noch das Bild von dem bösen, Zigarre rauchenden Kapitalisten dahinter, der da sitzt und Verschwörungen aus heckt. Statt dessen sind es irgendwelche großen Konzerne und Konglomerate, von denen man nicht mal weiß, wem sie gehören. Eigentlich gehören sie niemandem, und man weiß auch nicht genau, wer sie steuert. Das ist das Faszinierende, und darum geht's in dem Lied eigentlich: Ich kann nicht einfach sagen: „Der böse Schrempp, wenn der weg ist, dann läuft es anders bei Daimler!" So einfach ist das nicht, das ist auch nur ein Getriebener. Alle können irgendwie sagen: „Ich bin auch nur ein Getriebener."

Wenn sich alle darauf zurückziehen können, auch nur getrieben zu sein, gibt es dann noch Maßstäbe, nach denen man urteilen und zur Verantwortung ziehen kann? Hinter die man nicht zurück kann?
Ich denke, jeder ist für das verantwortlich, was er tut – absolut. Es gibt eine Moral, und moralische Werte sind für mich Axiome. Die Wahrheit zu sagen, einigermaßen integer zu sein, die Mitmenschen nicht zu bedrücken – für mich sind das Axiome. Wie in der Mathematik: Gesetze, die man nicht beweisen kann, die man aber braucht, um weiterrechnen zu können.

In „You shouldn't be lonely" bietet das lyrische Ich Trost an und verspricht: „When your nightmares come true / When there's no friend in sight / Who's got time to spare / And someone should dry your eyes /

I will be there". Gibt es in deinen Augen auch Situationen, wo der beste Freund als Halt nicht ausreicht?

Der beste Freund ist immer gut. Aber was heißt schon ausreichend... Du meinst, ob es so was wie ein grundsätzliches Bedürfnis nach einem spirituellen Wesen gibt auf Grund der Tatsache, daß es sonst keinen Trost gibt? Also nach Religion, nach Gott?

Das ist ganz gewiß so, gerade bei den letzten, wichtigen Fragen – z.B. Tod und Sinn des Lebens – hilft es einem natürlich ungeheuer, an einen Gott zu glauben.

Ich halte ja nicht von allem was, was der Dalai Lama sagt, aber er hat mal eine sehr kluge Sache gesagt: Man solle nach Möglichkeit nicht die Religion wechseln und zum Buddhismus konvertieren. Das wäre zunächst vielleicht erst mal prima und toll für die Leute, aber er habe festgestellt, daß sie, wenn es ans Sterben geht, dann verwirrt sind, weil sie in diese neue Religion eben nicht so tief eingesunken sind wie in die, mit der sie aufgewachsen sind. Wenn man nun katholisch oder evangelisch ist, Christ oder Moslem, dann solle man lieber dabei bleiben, anstatt sich wie im Supermarkt eine neue Konfession zu holen. – Da ist sehr viel Kluges dran. Denn wenn es ans Sterben geht, dann muß man mit dem auskommen, was man hat. Das muß aber kein Gott sein. Ein überzeugtes „Was soll's" oder „Aus die Maus" tut's zur Not auch.

Die Gottesfrage taucht bei Element of Crime explizit erst wieder bei „Die schönen Rosen" auf, wo in „Wenn der Morgen graut" – in dieser melancholischen Stunde „kurz vor der ersten Straßenbahn" – gefragt wird: „Wo ist der Gott, der uns liebt / Wo ist der Mensch, der uns braucht / Wo ist die Flasche, die uns wärmt?"

Die Lieder haben sehr viel mit Liebe generell zu tun. Letztendlich geht es immer um die Liebe. Wenn man überhaupt etwas Generelles sagen kann über die Personen in diesen Liedern, dann, daß sie alle irgendwie verlorene Wesen sind. Nicht immer – die können Superspaß haben, das ist auch wichtig, und das ist ja spaßbetonte Musik. Dennoch sind es auch verlorene Wesen, wie wir alle.

Arthur Koestler hat das mal gut beschrieben: Im Leben eines jeden Menschen gibt es eine tragische und eine triviale Ebene. Die triviale Ebene ist die, auf der wir meist leben. Und da ist alles gut und einfach. Und dann gibt es die tragische oder die dramatische Ebene, wo bestimmte Sachen passieren, die einen völlig aus der Bahn werfen. Wenn z.B. jemand stirbt. Wenn man erfährt, daß man todkrank ist. Irgendwas in dieser Richtung, eigentlich alle Fragen um Leben und Tod, wo dann die tragische Ebene die triviale wegdrängt und plötzlich alles in einem anderen Licht dasteht, so daß man völlig verloren ist. Das hat Koestler nicht wörtlich so gesagt, aber so interpretiere ich das weiter. In solchen Momenten ist man verloren.

Wobei mir da „dramatische Ebene" besser gefällt als „tragische", weil dieses Rausgeworfenwerden aus der Trivialität ja auch im Positiven geschehen kann. Wie es ja auch in „Weil es schön war" beschrieben wird, wo es heißt: „Alles, was du sagst, und alles, was du siehst, und alles, was du liebst, das ist alles nicht mehr wahr." Weil durch diesen schönen Moment eben eine völlige Umkehrung bekannter Wahrnehmung und Wertung stattgefunden hat.
Auf diese beiden Ebenen verweisen ja auch viele Lieder, wo es um Party geht: Das ist bei Element of Crime immer gebrochen.
Meist das Ende der Party, oder der nächste Tag…

Und das verweist ja darauf: Allein mit Party machen ist es nicht getan, es geht irgendwie weiter…
Es gibt noch dieses Lied, wo auch der Begriff der Sünde, der Reue und des Leidens vorkommt, die ja auch wichtige Eckpfeiler zumindest der christlichen Theologie sind – „Alten Resten eine Chance". Auch hier haben wir das Ende von so einer Party: „Doch was ist schon eine Party ohne Schmerzen hinterher, die Sünden wiegen schwer, und leiden kann man nie genug" – das ist ja eher der protestantische Ansatz: Man muß für alles, wo man Spaß hatte, bezahlen. Aber das Lied sagt natürlich: „Scheiß drauf!"

Ich bin, gerade weil ich protestantisch aufgewachsen bin, absoluter Anti-Protestant. Ich finde, das katholische Modell ist erheblich menschenfreundlicher, weniger lustfeindlich als das protestantische. Der Protestant kriegt ja seine Sünden nie los und darf nur auf die Gnade Gottes hoffen, Absolution erteilen ist nicht usw. Bei den Katholiken ist es ja eher so: Du sündigst, du bereust, du bringst Zeichen der Reue, und damit ist die Sache gut. Diese irdische Instanz der Kirche, die sozusagen wie mit einem Telefon zu Gott dir die Absolution erteilt, das ist ein sehr menschlicher Ansatz, eine ungeheure Erleichterung. Und ein 2000 Jahre altes Erfolgsmodell. Und wo geht's am meisten ab? Karneval und so? Das ist halt auch eine rein katholische Erfindung, so was kommt bei Protestanten nicht an. Und in so was kommt man auch als Protestant nicht rein, also mir ist das völlig fremd (lacht). Köln ist ja auch die spaßbetontere Stadt als etwa Hamburg, ganz klar. Da wird ordentlich auf die Kacke gehauen, das ist traditionell so. Auch Italien usw. Bei den Protestanten ist das eher so: Gutes Benehmen, immer bescheiden sein, nicht protzen ... – todlangweilig!

Diese Haltung – „Hinterher kann ich's ja eh beichten und mir die Absolution holen" – kann auch leicht zu einer Doppelmoral verführen.
Na gut, was heißt Doppelmoral? Ich meine, Sünder sind wir allemal; auch der Protestant, der sich in ständiger Zerknirschung übt – wenn er es denn überhaupt ernsthaft macht –, sündigt dadurch nicht weniger.

Wobei nach Luther die Gnade im Kreuz ja schon zugesprochen ist.
Ja, durch das Opfer des Sohnes und so weiter, ist klar... Das macht es zumindest hoffnungsfroher als den etwas grimmigeren alttestamentlichen Gott. Das war ja sozusagen auch das Erfolgsrezept des Christentums, daß man das versprochen hat. Aber wenn ich mir das angucke: Die protestantische Welle war ja eigentlich eine fundamentalistische, sozusagen zurück zu den Wurzeln, zum Buch, zum reinen Text ... Während die Katholiken sagten: „Wieso? Wir

haben doch hier eine Superorganisation aufgebaut, wir haben strikte Kirchenmacht, wir verkaufen Ablaßbriefe..." (lacht). Das ist natürlich sehr menschlich – und mir sehr sympathisch.
Religion ist da gefährlich, wo die Menschen glauben, sie wären besser als andere Menschen. Sie wären moralisch überlegen. Es ist ja auch nicht so, daß die Religiosität den Menschen an sich moralischer macht. Ich zum Beispiel bin wirklich ein nicht-religiöser, ein nicht-gläubiger Mensch und halte mich dennoch für nicht weniger moralisch als den Papst. Aber auch nicht mehr. Meine Moral betrifft vielleicht nur andere Dinge als die des Papstes.

Du hast dein Elternhaus erwähnt – bist du da sehr religiös beeinflußt worden?
Ich denke, Religion ist heute mehr Teil der Kultur und prägt dementsprechend. In Bremen gibt's vielleicht ein paar hundert Katholiken, da gibt es dann eine Privatschule, aber ansonsten ist das sehr protestantisch. Da gilt auch dieses Arbeitsethos – fleißig sein usw.: Arbeite, spare, nähre dich redlich, eben dieses ganze protestantische Ding. Und auch wenn da keiner mehr in die Kirche geht, wird das natürlich immer mit weitergegeben. Das ist so eine kulturelle Grundeinstellung: „Das tut man nicht", immer schön zurückhaltend, alles so'n bißchen gedeckt... Das hängt sicher auch mit dem Wetter und sonstigen Lebensumständen zusammen. Darum hatten die Protestanten da wahrscheinlich auch solchen Erfolg, weil das eben so ein menschen- und spaßfeindliches Klima ist.

In „Wenn der Morgen graut" wird die Frage „Wo ist der Gott, der uns liebt?" ja in einen sehr weltlichen Kontext gestellt, wenn im selben Atemzug nach der „Flasche, die uns wärmt" gefragt wird. Das paßt sehr gut zu dem Foto im Innencover des „Try to be mensch"-Albums, wo zwei Frauen ein auf den Kirchenstufen liegendes Holzkruzifix auf eine sehr einfache Weise, aber doch mit ehrfurchtsvoller Haltung mit dem Wasserschlauch abspritzen. Siehst du das als den typischen Element of Crime-Ansatz?

Es gab da ein Mißverständnis: Man meinte, wir wollten uns darüber lustig machen, aber das stimmt nicht!
Wir wollten das Bild eigentlich als Cover der Platte haben, aber die Plattenfirma sagte: „Nein nein nein, da werden wir ein großes Problem in Süddeutschland bekommen!", weil es das religiöse Empfinden vieler Plattenhändler verletzen würde, und dann würden die das nicht in den Laden stellen. – Man kann sich gar nicht mehr vorstellen, daß das damals ein Problem war, wenn man sieht, was heute in den Plattenläden so alles verkauft wird – was damals ja auch schon verkauft wurde: Dieser ganze Heavy-Metal-Kram, was die für Cover haben... Das ist natürlich absurd gewesen, aber typisch für Polydor. Das war ja eine große Schlagerfirma vor dem Herrn, die wußten gar nicht, wie die Rock-Abteilung in so einem Plattenladen aussieht. Wir haben das dann ins Innencover gepackt, und viele Leute haben gefragt: „Wollt ihr euch darüber lustig machen?" Und wir haben gesagt: „Nein! Das ist ein sehr schönes, sehr menschliches Bild. Natürlich muß auch ein Christus am Kreuz mal saubergemacht werden. Wo kommen wir denn da hin, wenn der nicht mal von Staub und Dreck befreit werden würde, wie sieht er denn dann aus?" Und die beiden Frauen, denen ist das nicht scheißegal. Du kannst davon ausgehen, daß die Leute, die eine Kirche putzen, nicht irgendwelche Rabauken sind. Das muß nun mal gemacht werden, und ihn abzuspritzen ist eben am besten. Da braucht man dann nicht mit dem Schwamm ranzugehen und macht womöglich irgendwas kaputt...

Die Blicke der Frauen zeigen eine sehr liebevolle Ehrfurcht, finde ich.
Ja, genau. Das ist ein Bild aus den fünfziger Jahren in der DDR. Die beiden Frauen waren sicher gut drauf, was ihren Jesus betrifft, und waren sicher auch ihr Leben lang in der Kirche. Aber praktisch sind sie halt auch veranlagt.

Die Haltung von „No God anymore" taucht in „Kavallerie" wieder auf, wobei sich die Perspektive leicht verändert hat. In „No God" wird von außen zugesprochen, während diese Verlassenheit in „Kavallerie" stärker selbst empfunden zu werden scheint. Wobei immer noch einer daneben steht und sagt: „Vergiß es, Alter."

Letzten Endes ist es so: Es gibt keine Hoffnung ohne Liebe. Das ist, glaube ich, ein ganz entscheidender Punkt. Ich glaube, diese Sache mit dem Gott, der liebt – sowohl bei „Wenn der Morgen graut" als auch bei diesen Songs –, besteht darin, daß es natürlich eines der größten Bedürfnisse überhaupt ist, geliebt zu werden. Ich denke, es ist so – und da bin ich dann wieder protestantischer, weil die ja auch immer weicheieriger werden –, daß dort, wo die Leute keinen Gott mehr haben, das, was man als Liebe erlebt, dann diese Qualität kriegt. So wie viele Leute, die zum Buddhismus gehen, es da charmant finden, in jedem kleinen Ding irgendwie das ganze Universum erkennen zu können.

Gott und Liebe, das ist ganz wichtig: weil das ja gerade die Hoffnung ist, daß der einen auch liebt. Das könnte ja auch ganz anders aussehen, es kann ja auch einer sein, der einen überhaupt nicht liebt. Vielleicht sind wir alle im Straflager, man weiß es ja nicht. Für jemanden, der keinen festen Glauben hat, sind da natürlich die ganzen Möglichkeiten offen.

Der Gott, der einen liebt, das ist natürlich ein ganz christlicher Ansatz, etwa im Gegensatz zu den antiken polytheistischen Religionen. Da war es ja nicht so, daß ein Gott wie Apollon die Menschen unbedingt liebte, ganz im Gegenteil.

Die kamen ab und zu mal runter und haben schnell mal eine Frau geliebt...

Klar, aber wenn du überlegst, wie die verschiedenen Götter auf verschiedenen Seiten in den Trojanischen Krieg eingegriffen haben; Athene versus Aphrodite usw., das ist schon ganz schön heftig.

In der Bibel finden sich ja auch Stellen, wo Gott apersonal beschrieben wird: z.B. „Gott ist Kraft", „Gott ist Liebe".

Ja, so „Star Wars"-mäßig: Die Macht. Das Gute, die Macht in dir!

Das ist definitiv der protestantische Ansatz. Das meine ich auch mit „fundamentalistisch", das ist nämlich nicht negativ gemeint. Gott zu vergeistigen, aus dem Stofflichen wegzuholen und in eine rein geistige Geschichte zu bringen. Das ist eine sehr abstrakte Religion, wie ich finde. Da macht man es den Leuten ja nicht leicht: weniger Bilder, keine Marienverehrung, keine Heiligen daneben, nicht mal Weihrauch, sondern nur dieser eine, abstrakte Gott. Das macht es aber für Menschen in großen Städten auch leichter, weil die von dieser naiven Verehrung eben auch weggekommen sind. Das ging mit dem Beginn der Neuzeit einher.

Das ist mir in der Musik bei Tilman Rossmy aufgefallen, der diese Kraft immer mit „es" benennt.
Musik ist ja an sich schon etwas Rätselhaftes: dieses völlig Unstoffliche, nicht zu Greifende, in der Zeit sofort wieder Verschwindende. Dieses absolut Melancholische. Jeder Ton ist in dem Moment, in dem du ihn hörst, ja schon wieder weg. Periodische Druckveränderungen in der Luft, physikalisch völlig banal und dennoch so berührend! Von allen Künsten ist Musik die absolut unstofflichste und damit rätselhafteste.
Das ist auch etwas, das dazu führt, daß Musiker immer dankbare Opfer für alle möglichen Heilsversprechungen und alle möglichen mystischen Geschichten sind. Da gibt's sicher einen Zusammenhang. Darum hat sich auch alles Kultische immer so gut über Musik transportiert. Musik ist ja ursprünglich immer entstanden aus kultischen Handlungen, um Geister und ähnliches zu vertreiben.

Hast du mit deinen Texten mal Lesungen gemacht?
Ich kann Lesungen nicht leiden, absolut nicht. Brauche ich nicht, ich kann selber lesen.
Diese Texte sind ja auch nur zur Musik entstanden, und ohne die Musik ist es nicht einmal die halbe Miete. Ohne Musik ist das nur ein Furz, finde ich. Wenn man sich überlegt, was das zusammen mit der Musik als Lied an Spaß entfaltet!

Ist das dein Anspruch als Künstler: Spaß vermitteln?

Es ist nicht mein Anspruch, denn man hat keine Ansprüche zu stellen. Wie kommt man dazu, Ansprüche zu stellen?

Was man hofft, ist, daß Leute das hören und mögen. Daß es ihnen irgend etwas gibt, egal was. Dazu können sie tanzen, das sollen sie beim Abwaschen hören, ist mir total wurscht, Hauptsache, daß es ihr Leben auf irgendeine Weise – und sei es nur für ein paar Minuten – verschönert. Das Leben für einen gewissen Zeitraum versüßen – je länger, desto besser.

Wenn sie hier auf das Konzert kommen, will ich nur eins: Daß sie beim Rausgehen glücklicher sind als beim Reinkommen. Und wenn das gelingt – deshalb gebe ich auch so gerne Konzerte, wahnsinnig gerne – und man weiß, daß das funktioniert hat, dann ist das eine Euphorie – das ist ungeheuer! Deshalb müssen Musiker auch aufpassen, daß sie nicht anfangen überzuschnappen. Das kann man ihnen nämlich gar nicht groß vorwerfen, das liegt schon in der Sache selbst: Wenn man so viel bewirken kann mit einem Konzert, dann kann man ja auch leicht mal einen Überflieger kriegen und meinen, man wäre jetzt selber irgendwie ein kleiner Gott. Das ist sehr gefährlich.

Ich trashe mittlerweile auch sehr viel rum beim Konzert, mit Ansagen, bin nicht mehr so schweigsam wie früher. Das habe ich vierzehn Jahre lang gemacht, und irgendwann kriegte das dann etwas sehr Rituelles. Ich wollte eigentlich immer nichts sagen, habe nur „Vielen Dank" gesagt, und viele dachten, daß das ein Witz wäre; aber das war einfach nur so gemeint. Und jetzt trashe ich da einfach erst mal rum, auch um dieses Weihevolle der Konzerte zu durchbrechen – denn es ist auch nur Musik, das darf man nicht vergessen! Es geht nicht um das neue Evangelium, es ist Musik. Das ist zwar etwas ganz Großes, das ist auch die bessere Welt, meiner Ansicht nach – aber es ist eben auch nur Musik.

Das Leben ist kein Lied. Und deshalb sollte man als Musiker auch ein bißchen Demut haben – um diesen schönen christlichen Begriff mal einzubringen. Ein bißchen Demut sollte zum Pflichtprogramm all derer gehören, die auf der Gitarre die ersten Akkorde erlernen – vor allem, wenn man weiß, daß man es da mit jemandem zu tun hat, der vielleicht mal Rockmusiker wird.

Wie kriegst du das vom Publikum zurück?
Die Leute lachen, weinen, fallen sich in die Arme, jubeln – was soll sein? Das machen sie ja nicht, weil sie schlechte Laune kriegen! Das ist schnell zu merken ...
Das ist auch nicht immer einfach: „Schnipp", und dann läuft das. Man will ja auch nicht, daß die Leute eine manipulierbare Masse sind, wo man einfach den Schalter umlegt und dann funktioniert's. Natürlich haben wir auch unsere Tricks, natürlich wissen wir, wie man einen Auftritt gestaltet. Ich würde es immer als tiefe Niederlage empfinden, wenn jemandem ein Konzert von uns nicht gefällt, obwohl er die Musik eigentlich mag. Deswegen schotte ich mich hinterher auch gerne ab, denn ich habe Angst, daß jemand kommt und sagt: „Das war aber echt nicht gut heute." Das soll er mir ein paar Tage später mal erzählen, aber an dem Abend würde mich das so stören, auch wenn's nur einer von fünftausend wäre, das würde mich in dem Moment so runterziehen...

Was hältst du von Songs als Trägern von Botschaften, seien sie nun religiös oder politisch?
Nichts! Musik genügt sich selbst. Und Musik appelliert immer an das Gefühl. Gefühle sind sehr individuell, und solche Botschaften habe ja immer was Übergeordnetes, über das Individuum hinweg. Dafür ist Musik nicht das Richtige. Beim Religiösen ist es vielleicht etwas anderes, wenn es Teil der Liturgie ist, wenn es in der Kirche stattfindet. Es schweißt die Leute zusammen und bringt sie näher zu Gott, das ist fein. Aber da geht es um Gott, nicht um Politik. Und die religiöse Botschaft als solche ist ja auch eher rätselhaft. Und das Bekehrende geht uns ab.
Von politischen Botschaften in der Musik halte ich gar nichts, weil ich das Gefühl in der Politik für eine sehr gefährliche Sache halte.

Da kann es nicht darum gehen, die Leute aufzuputschen, sich von Gefühlen leiten zu lassen.
Jemand, der sagt: „Ich kann diese Ausländer nicht leiden, und deswegen müssen die alle abhauen", macht zwei Fehler. Daß er diese Ausländer nicht mag, darüber kann ich mit ihm nicht diskutieren, das kann man ihm nicht ausreden. Und das ist sein gutes Recht, er muß niemanden mögen. Niemand muß überhaupt jemanden mögen. Das ist zwar Dummheit, das so zu sagen, und spricht für schlechten Charakter, aber darüber kann man nicht diskutieren. Aber – und das meine ich auch nur als Beispiel für generelle Verbindung von Politik und Gefühlen – aus diesem Gefühl heraus eine politische Absicht herzuleiten, nämlich daß die rausgeschmissen werden müßten, das ist gefährlicher Mist. Und genau das kommt dabei raus, wenn Gefühle in die Politik gehen.

Als Element of Crime angefangen haben, war es ja in Deutschland sehr angesagt, politische Texte zu machen.
Diesen Standpunkt, man müsse gerade in der Rockmusik die Leute aufklären, mit Botschaften zuscheißen, missionieren und was weiß ich, gab es immer, heute wie vor dreißig Jahren. Gerade in Deutschland. Eigentlich vor allem dort. Für mich persönlich spielte das nie eine Rolle, denn ich finde, das ergibt keine guten Lieder. Ich bin für so was kein Kunde. Ich muß auch kein Lied über die „Kristallnacht" hören und dazu noch ein Feuerzeug hochhalten. Das ist alles ehrenwert und gut gemeint, aber „gut gemeint" ergibt nicht unbedingt gute Kunst.

Du benutzt viele religiös besetzte Begriffe und bist Verfechter von Moral – aber nicht gläubig.
Das Religiöse ist ja eigentlich auch ein Versuch, das Axiomatische der Moral zu durchbrechen und eine obere Instanz zu schaffen. Man sagt nicht: „Du sollst nicht lügen, weil es nicht gut ist", sondern man sagt: „Dein Gott sagt: ..." Die oberste Autorität sagt das. Das ist sicher ein Prozeß, untrennbar verbunden mit jeder Zivilisa-

tion: daß man eine Instanz schafft, die der Moral zusätzliche Autorität gibt. Die Religion ist praktisch der gesellschaftliche Turbodrive der Moral – aber am Ende genauso axiomatisch besetzt.

Für dich aber ist die Moral ein Wert an sich, der keiner weiteren Legitimierung bedarf?
Ja. Das ist das, wofür es sich lohnt, ein Mensch zu sein; sonst hätte man auch als Eidechse auf die Welt kommen können. Nichts gegen Eidechsen – die Eidechse kennt aber keine Moral! Und das ist das, was uns zu Menschen macht. Und ich bin gerne Mensch!

Liegt dann da nicht die Gefahr, daß jeder das Axiom nach seinem Gusto setzen kann?
Das ist wahr, es gibt aber auch eine Erfahrung aus der menschlichen Geschichte. Wie in der Mathematik: Nur diejenigen Axiome taugen etwas, die uns weiterbringen.
Das Leben der Menschen wird zur Hölle – um diesen religiös besetzten Begriff mal zu verwenden –, wenn bestimmte moralische Prinzipien nicht vorherrschen. Und du stellst fest, daß eigentlich alle Religionen dieselben moralischen Prinzipien vertreten. Und deswegen muß man sagen: Moral ist wichtig, weil sie unsere Natur im Zaum hält. Und wenn man das nicht begreift, dann kann man keine menschliche Zivilisation gründen, nicht zusammenleben.
Alle Religionen waren ja auch dafür da, die Moral nach vorne zu bringen. Womit ich sie nicht darauf reduzieren will. Denn das andere Bedürfnis nach einem Gott, der alles erklärt und allem einen Sinn gibt, ist ja auch noch da.

Was sind die Grundzüge deiner Moral?
Natürlich der kategorische Imperativ von Kant. Wobei der auch auf die ganze Gesellschaft abhebt, aber eigentlich ja das Handeln des einzelnen bestimmen soll. Man soll so handeln, daß eine menschliche Zivilisation funktionieren kann.
Ich glaube, daß jeder im Grunde genommen weiß, was gemeint

ist, wenn man sagt, daß irgend jemand kein schlechter Mensch ist. Daß man versucht, so wenig wie möglich anderen Menschen anzutun. Mir ist klar, daß das nicht immer funktioniert, aber das ist mein moralischer Anspruch. Wenn ich jemandem eins auf die Schnauze haue, ist mir das furchtbar unangenehm, da habe ich noch Wochen mit zu tun.

Aber es passiert?
Das ist auch schon passiert, ja. Gottseidank aber sehr selten. Als ich klein war, mußte man sich da, wo ich aufgewachsen bin, irgendwann entscheiden, ob man sich prügeln will oder nicht. Und ich hatte mich dann eines Tages definitiv entschieden, mich nicht mehr mit Leuten zu prügeln. Das hatte so manche Demütigung zur Folge, aber lieber das, als dann noch wochenlang damit zu tun haben zu müssen, daß man jemandem eine gehauen hat. Ich bin aber kein Mega-Pazifist; es gibt auch Situationen, da muß es sein. Und es gibt auch Situationen, da braucht man Soldaten.

Du hast vorhin die Melancholie, die viele Element-of-Crime-Stücke kennzeichnet, zusammengebracht mit der Grunderfahrung der Vergänglichkeit. Was ist angesichts dieser Vergänglichkeit der Sinn des Lebens?
Ich habe keine Ahnung. Das Leben hat keinen Sinn. Wieso muß alles immer einen Sinn haben? Da sind die glücklichen Momente... Und Liebe spielt natürlich eine ganz große Rolle. Aber Sinn...? Wenn ich das weit genug hinterfrage, was jede Form von Religion, auch die christliche, mir als den Sinn meines Lebens anbietet, dann lande ich pfeilgerade in der Ratlosigkeit. Wie kleine Kinder, die immer wieder „Warum? Warum? Warum?" fragen – und das sind wir eigentlich alle bei dieser Frage – und wo man dann an irgendeinem Punkt sagt: „Scheißegal, es ist eben so!"
Nutze den Tag: Versuche, glücklich zu sein, versuche, andere Leute glücklich zu machen. Die besten Momente sind da, wo man in der Musik ist. Vielleicht gerade, weil sie so vergänglich ist. Viel-

leicht ist das für mich auch der einzige Moment, wo ich der Zeit ein Schnippchen schlage, wo man in so etwas wie einer Ewigkeit drin ist.

Wo man Zeit und Raum transzendieren kann ...
Wenn ich evangelischer Pastor wäre, würde ich sagen: „Musik ist eine Möglichkeit, Gott zu erfahren." Das ist zwar als Formulierung grauenhaft – und das ist auch mein Problem bei der evangelischen Kirche, die Sprachwahl. Ich habe mich z.B. bei den Beerdigungen, bei denen ich war, tierisch geärgert, daß diese protestantischen Pfarrer so verdammte Weicheier sind.

Wieso das?
Ja, schau: Meine Familie, das ist eine ziemlich gottlose Bande. Die können nicht mal das Vaterunser aufsagen. Auch ich müßte das erst mal zusammenkramen, wenn ich auch vor 30 Jahren zu Weihnachten ab und zu mal in der Kirche war. Die kennen keines von diesen Liedern, und singen können sie sie auch nicht. So. Nun kommt da ein Pastor zur Beerdigung, und der weiß das. Ich persönlich würde sagen: „Paßt mal auf, Leute, die Sache ist so: Euer ganzes Leben lang schert ihr euch einen Scheißdreck drum, aber wenn es richtig ans Eingemachte geht, dann kommt ihr doch wieder zu uns! Das sollte euch mal zu denken geben!" Ich würde denen richtig die Löffel langziehen.
Ich meine, wenn man schon eine Kirche hat, denn schon...! Wenn man schon Priester und Pastoren hat, Kirchen und Institutionen und eine Theologie, dann gebe ich auch voll auf die Zwölf: „Sportsfreunde, vielleicht wäre es gar nicht schlecht, wenn ihr mal nächsten Sonntag auch wieder auftauchen würdet! Wenn ihr heiratet, wenn ihr Kinder kriegt und wenn ihr sterbt, dann kommt ihr zu uns – und ansonsten meint ihr, ihr könntet rumdödeln, wie ihr wollt." Deshalb sind die Katholiken auch stärker, die halten ihren Laden besser zusammen. Die sagen: „Paß mal auf, Sportsfreund, du warst ein halbes Jahr nicht mehr bei der Beichte", und dabei

geht es nicht so sehr darum, daß er die Absolution kriegt und in den Himmel kommt, sondern darum, daß er sich überhaupt mal Gedanken darüber macht, was er tut, und das auch mal formulieren muß. Das ist auf jeden Fall heilsam für die Leute: „Hier, Huber Sepp, du warst ein halbes Jahr nicht bei der Beichte, und wenn dir morgen ein Stein auf den Kopf fällt, bist du aber auf ewig im Fegefeuer!" Das ist natürlich die harte Nummer und zieht nur noch beim Huber Sepp in kleinen, überschaubaren Gemeinden. Aber immer nur zu versuchen, sich an den Zeitgeist anzupassen – da sollte man auch zurückschlagen, sonst hat man auf Dauer mit so einer Kirche keine Chance. Nur mit Tischtennis-Spielen und den Leuten nach dem Mund reden ist es nicht getan. Die Kirche ist wirklich nicht mein Verein, aber sie sollten sich da mal ein bißchen zusammenreißen.

Woran machst du Hoffnung fest?
In diesem Sinne hoffe ich nicht. Ich lebe mehr so in den Tag. Ich glaube nicht an dieses eine Ziel im Leben, diese teleologische Sicht. Von daher läuft die Frage bei mir eigentlich ins Leere. „Ich hoffe auf dieses große Ding, das noch kommt, und bis dahin quäle ich mich durch das irdische Jammertal" – das ist nicht mein Ding. Das stört mich generell an Religionen: die Erde als Jammertal. Das sehe ich nicht ein. Und dieses Bild vom Jammertal ist ja irgendwie auch der größte Hit des Christentums in der Spätantike gewesen. Der Zerfall des Römischen Reiches war ja die große Chance des Christentums. Das Leben wurde so unhaltbar, daß die Erlösung aus dem irdischen Jammertal eine unheimlich große Rolle spielte. Ich bin der Meinung, man sollte versuchen, auf der Erde Bedingungen zu schaffen, daß es nicht mehr wegen der hiesigen Zustände darauf ankommt, auf das Jenseits oder irgend etwas Späteres zu hoffen, sondern daß jeder Tag Spaß bringt. Auf eine würdige Weise natürlich, nicht die komplett egoistische oder egozentrische Nummer.

Nicht die „Fun"-Schiene?
Fun ist Spaß, dagegen ist nichts zu sagen. Mayday? Klar! Love Parade, ist doch eine Supersache – aber es ist eben die Love Parade. Jetzt in der Kirche Raves machen, das ist Bullshit, das braucht kein Schwein! Das kriegen die anderen allemal besser hin, da hat der Papst keine Aktien dran! Und der evangelische Landesbischof schon gar nicht.
Aber was die wiederum hinkriegen, sind ihre Kirchentage. Das sind ja auch irgendwie Mega-Raves. Es ist natürlich cool, wenn zwanzigtausend Schwaben plötzlich in der U-Bahn stehen und alle gemeinsam singen. Nicht daß ich jetzt ein Kunde dafür wäre, aber das hat Klasse. Das ist auch eine Form von Fun. Gemeinsam beten und so, das wärmt sicher das Herz. Und das wird auch durchs Internet nicht zu ersetzen sein, auch wenn in Amerika jetzt immer mehr Leute online beten. Das setzt sich nicht durch, genausowenig wie Live-Konzerte übers Internet.
Solche großen Versammlungen sind sicher okay, wenn sie vielen Leuten Freude machen. Aber irgendwann müssen auch mal die Löffel langgezogen werden, sonst wird da zuviel geeiert. Dann ist irgendwie alles okay und alles egal. Wenn schon, denn schon. Da sollte man ruhig wieder ein bißchen härter werden, denn ich fände es irgendwie schade, wenn die Kirchen verschwinden, ganz ehrlich!
Wenn man Katholik ist, dann soll man gefälligst auch für den Zölibat sein und dem Papst gehorchen, sonst kann man ja gleich zu den Protestanten gehen. Oder austreten. Man steht da schließlich in einer Tradition. Das fand ich ganz gut an dem Ansatz von dem Dalai Lama, der sagte, es würde ihn nerven, daß alle glauben, beim Buddhismus könne man mal eben so einfach ein- und aussteigen und mitmischen, wie man gerade will.

Gerade der Buddhismus ist ja derzeit hoch im Kurs.
Das ist doch auch Schwachsinn. Das ist sicher eine feine Religion, so wie alle Religionen irgendwie fein sein können. Aber dieser

Modequatsch, weißt du: Richard Gere baut sich auf sein millionenteures Appartementhaus eine Gebetshütte aus Holz, da fällt mir nichts zu ein. Der soll doch nebenan in die episkopalische Kirche gehen und stramm was wegbeten... Andererseits ist das natürlich auch sein gutes Recht (lacht) – aber ernst nehmen kann ich das nicht. Aber naja, irgendwie hat es auch wieder Stil. Wenn der Schwachsinn erst mal Wellen schlägt, wird's irgendwann wieder gut...

Was ich von der evangelischen Kirche erwarte, ist, daß sie anfangen, wieder vernünftiges Deutsch zu reden, richtige Sätze zu bilden. Nicht: „Gott im Alltag erfahren" – das klingt schon als Satz scheiße. Meinetwegen „Auch im Alltag Gott nicht vergessen" oder „Gott ist auch im Alltag dabei", was auch als Warnung verstanden werden kann. Oder wie bei Brecht: „Der Herrgott, für dich ist er Luft, er zeigt dir's beim Jüngsten Gericht." Aber nicht so eine Schwimmi-schwammi-Sprache. Klare, einfache Wörter, das mag ich. „Weil es schön war." Punkt. So reden, wie die Leute sprechen: „Der Mann ist gestorben." Tot. Aber nicht „von uns gegangen". So kommt man nur noch an Weicheier ran, und dann vermufft das ganze Image.

Tachi Cevik
– Fresh Familee, Jazzkantine

„Es gibt diese Kraft, und vielleicht komme ich ja irgendwann dahinter"

Mit „Im Namen Gottes" hast du einen der gehaltvollsten Texte der Jazzkantine geschrieben. Dort heißt es: „Es ist alles gleich, nur daß Gott anderswo anders heißt."
Das ist ja auch so, finde ich. Zumindest in den drei Hauptreligionen, die wir kennen: Judentum, Christentum und Islam. Es gibt halt kleine Abweichungen, die Sitten und Bräuche sind halt auch

verschieden, aber die Lehre ist gleich. Das Alte Testament ist überall identisch.

Bist du praktizierender Moslem?
Eigentlich nicht. Ich wurde schon so erzogen, bin auch zwei Jahre lang zur Koranschule gegangen und habe auch Arabisch lesen und schreiben gelernt, ohne allerdings ein Wort zu verstehen – und hab's dann irgendwann auch wieder vergessen. Es ging ja auch nur darum, den Koran *lesen* zu können. Meine Eltern wollten das halt, weil sie selbst es irgendwie nie gelernt haben. Ich hatte das dann drauf, habe den Koran auch gelesen, nur eben kein Wort verstanden. Ich hab dann noch mal auf Türkisch reingeschaut, und aus der deutschen Schule kannte ich die Bibel.
Normalerweise war's ja so, daß ich zum türkischen Religionsunterricht in einen anderen Klassenraum gehen mußte, aber den habe ich ja nachmittags sowieso mitgekriegt. Ich fand's schon interessant, was meine deutschen, oder: meine christlichen Mitschüler alles mitbekommen.

Du bist vor zweieinhalb Jahren nach Deutschland gekommen, bist von beiden Religionen geprägt worden. Wenn du sagst: „Es ist alles ein Gott" – was bedeutet Gott dann für dich?
Ich denk mir: Ich als Mensch kann das gar nicht begreifen. Klar, man stellt sich Gott vor, aber wir können ihn gar nicht begreifen. Ich bin davon überzeugt, daß es ihn gibt, denn einer hier muß die ganze Sache gemacht haben. Wenigstens den Plan entworfen oder sozusagen die ersten Samen gesät haben. Die dann aufgegangen sind, sich weiterentwickelt haben, bis das Universum dann irgendwann da war.
Gott bedeutet für mich Güte, in dem Sinne. Ich versuch ja nicht darüber nachzudenken, was er ist, wie er ist, was er vorhat, warum das Ganze, sondern mir wurde von Anfang an beigebracht – von den Christen her, von den Moslems, von meinen Eltern –, daß Gott gar nichts anderes ist als Güte. Daß er nichts Böses, nicht stra-

fen kann. Auch wenn es im Islam heißt, daß du bestraft wirst von Gott – ich finde das nicht. Jeder lenkt sein Schicksal, und ich glaube, es ist eigentlich auch nichts vorherbestimmt.

Also Gott wäre nicht Gott, wenn die Menschen ihn erfassen könnten, und das Wichtigste an Gott ist Güte?
Güte, Liebe... Ich kann mir nicht vorstellen, daß man einen bösen Gott „Gott" nennen kann. Es wird einem ja beigebracht: „Du mußt gut sein auf dieser Welt, damit du später ein paradiesisches Dasein hast. Wenn nicht, gehst du ab in die Hölle."
Ich glaub auch sehr an Wiedergeburt. Durch das viele Hin- und Herdenken, da hab ich mir dann gedacht: Wenn Gott Güte bedeutet, Liebe und das Gute, dann bedeutet das auch zugleich Gerechtigkeit. Und da ich auf dieser Welt keine Gerechtigkeit sehe, würde ich nicht sagen, daß der nichts mit dieser Welt zu tun hat. Weil, ich denk mir: Es ist so, daß du – wie bei den Buddhisten – vielleicht als primitives Wesen beginnst und zigmal wiedergeboren wirst, bis du als Seele so viel Erfahrung gesammelt hast, daß du in der Lage oder überhaupt würdig bist, das Nirwana zu erreichen. Nirwana ist ja praktisch das Paradies.
Ich glaube schon an das Ganze in diesen drei Hauptreligionen, ich wurde so erzogen – aber es ist ungerecht, nach einem Leben verurteilt zu werden, ob man nun in die Hölle geht oder zu Gott. Ich denk mir, es gibt Leute, die werden geboren und haben von vornherein ein beschissenes Leben. Sind behindert oder verbringen ihr Leben nur mit Krankheiten oder Leid, oder es sterben denen lauter Bekannte weg – das ist schrecklich.

Du glaubst aber auf jeden Fall, daß wegen dieser Vorstellung einer Gerechtigkeit mit dem Tod nicht alles aus sein kann.
Nee, logischerweise. Ich weiß nicht, ob man Gott mit Logik verbinden kann. Vielleicht ist das ja alles so hoch, daß unsere Logik da längst nicht ausreicht.

Von atheistischer Seite wird ja oft gesagt, daß Gott nur ein Erklärungsversuch ist, weil die Menschen die Welt nicht begreifen.
Es ist schon etwas, das man auch spürt. Okay, Liebe ist letzten Endes auch 'ne chemische Reaktion, aber es ist unerklärlich. Ob man jetzt seine Mutter liebt, seine Kinder, die Freundin, den Partner – es ist schon unbegreiflich. Und, klar, logisch wäre es, daß Menschen sich einen Gott ausgedacht haben, weil sie sich die Welt anders nicht erklären konnten. Aber ich denke mir: Es gibt ihn! Schon in der Steinzeit wurden ja Götter verehrt. Die hatten ja auch Bestattungsrituale. Bei allen, auch im Alten Ägypten, wurde an ein Leben nach dem Tod geglaubt. Egal, in welcher Form das auftaucht – ich denke, die Existenz Gottes ist schon dadurch bewiesen, daß wir danach fragen und immer weiterfragen. Und nicht einfach, weil wir uns das nicht vorstellen können.

Im Text heißt es weiter: „Meist entgleist der Sinn der Religion, weil die Logik abreißt."
Ich meine damit, daß Religion eben immer auch für politische Zwecke ausgenutzt wird. Für eigene Zwecke von Regenten, für den Papst, den Kalifen, den Sultan ... Heilige Kriege zum Beispiel, das ist nicht im Sinne Gottes. Nie gewesen. Das haben Christen gemacht, heute versuchen's Moslems, und ich weiß nicht, warum das so ist. Denn ich kann mir nicht vorstellen, daß man, wenn man an Gott glaubt, töten will oder soll. Wir haben auch die Zehn Gebote, genau wie die Christen. Und da steht auch: „Du sollst nicht töten!" Egal wie, du sollst nicht töten!

Was ist denn deiner Meinung nach der wahre Sinn von Religion?
Nächstenliebe vor allem. Keinem aus Eigennutz was zuleide tun. Wenn man sich wehrt, weil der andere einen angreift – okay. Jeder Mensch ist egoistisch, macht Fehler und schadet anderen, weil er etwas haben will. Menschen sind halt unreif, die meisten zumindest. Und ich denk mir, würden sie oft wiedergeboren, wären sie reifer, keine Ahnung (lacht). Ich habe verschiedene Theorien,

wie's sein kann. Und die logischste ist für mich die mit der Wiedergeburt – darüber hinaus aber auch, daß es nur eine schöpferische Kraft gibt. Und daß es diese Kraft schon immer gegeben hat.

Eine andere Sache, die du beklagst, ist, daß sich Menschen nur dann mit Gott auseinandersetzen, wenn es ihnen schlechtgeht. Zitat: „.... und du nur in 'ner Scheiß-Situation Gottes Namen schreist."
Das ist ja bei vielen so, auch bei mir. Ich sage auch oft einfach so: „Mein Gott!" Aber wenn es mir schlechtgeht, richtig schlecht, dann sage ich das viel öfter und bewußter. Dann sage ich auch auf Türkisch: „Allah im bana yardim et", „Hilf mir, lindere meine Schmerzen, gib mir Geduld!" Das sagen Türken sehr oft; Verzweiflungsgebete, kurze Sätze.

Du rappst: „Der Glaube zeigt dir Wege, nur gehen mußt du selbst."
Ich denke, daß die Lehre schon so'n bißchen vorgegeben ist, aber daß man selber noch mal drüber nachdenken, sich damit wirklich auseinandersetzen sollte, zumindest als gläubiger Mensch.
Ich sehe das so, daß mir halt verschiedene Wege gegeben wurden; das Christentum, der Islam ... Vor sieben, acht Jahren wußte ich noch gar nicht, daß es eine Religion gibt, die an Wiedergeburt glaubt. Aber vorher habe ich mich das schon gefragt, auch als Kind: „Was passiert denn, wenn ich sterbe? Vielleicht werde ich wiedergeboren!" Das war dann damals schon viel logischer, als ins Paradies zu kommen. Mir wurden halt verschiedene Wege bereitet, und ich weiß auch noch nicht, welchen ich gehen soll. Deswegen denke ich mir: Es gibt diese Kraft, und vielleicht komme ich ja irgendwann dahinter ... glaub ich aber nicht (lacht).

Also ist dein Glaube so ein Mischmasch aus den verschiedenen Religionen.
Ja, leider. Obwohl ich das nicht wirklich schlimm finde. Klar, eigentlich darf ich das nicht mischen. Aber in meiner Situation gibt es für mich jetzt keinen anderen Ausweg.

Ich bin ja auch nicht dumm und habe auch ein paar andere Sachen gelesen. Die meisten Moslems, die ich kenne, kennen nur den Islam. Die wollen sich auch gar nicht mit anderen Religionen befassen, weil ihnen eingetrichtert wurde: „Alles andere sind Ungläubige!" Das war bei mir nicht so; meine Mutter, die sehr gläubig war, hat mir als Kind über die anderen Religionen erzählt: „Die haben denselben Gott." Und daß Jesus Christus auch im Koran häufig erwähnt wird – nur, daß eben nicht gesagt wird, daß er der Sohn Gottes ist, sondern ein Prophet. Ich glaube auch, er ist ein Prophet. Wieso soll ein Mensch der Sohn Gottes sein?

Soweit ich das überblicke, stehen weite Teile des Islam dem Christentum ja nicht so tolerant gegenüber wie du. Ist das deiner Meinung nach ein Widerspruch zu der eigentlichen moslemischen Lehre?
Ja.

In dem Lied kritisierst du ja auch Fundamentalismus, z.B. Gesellschaften, „wo Mann Herr und Gebieter, Frau nur Untermieter ist".
Es ist schon so, daß im Koran steht, daß die Frau heilig ist. Und daß man sie sehr ehren sollte. Aber wie ich sage: „Meist entgleist der Sinn": So daß wiederum das „stärkere" Geschlecht, der Mann, die Frau aus Eigennutz unterdrückt. Und das steht nicht im Koran! Okay, mit Kopftuch und so, das steht auch nicht im Koran, aber das ist 'ne bekannte Sache, die man macht. Die Frau soll nicht aufreizend sein. – Ich finde, irgendwie hat das ja auch was. Ich würde sagen, bei unseren Familien herrscht eine lebenslange treue Bindung, die jetzt wirklich religiös ist. Und irgendwie hat das was Gutes. Wenn ich mir jetzt die westliche Welt angucke – ich lebe darin, klar, ich genieße das auch. Aber jetzt gerade in meiner Generation: Du kannst nicht davon ausgehen, daß du eine Frau findest, mit der du ein Leben lang zusammenbleibst. Das sind alles nur Lebensabschnittspartner, und das wird immer schlimmer. Das gibt es im Islam nicht so.

Das Kopftuch ist ja auch in „Ahmet Gündüz II" ein Thema. Siehst du das eher als Merkmal der Ausgrenzung oder als Zeichen für progressive Frauen, die das aus Selbstbewußtsein tragen?
Nee, nicht Selbstbewußtsein. Es gibt welche, die wahrscheinlich auch dazu gezwungen werden. Oder wurden, und sich dann daran gewöhnt haben. Die wurden so erzogen, daß sie eben auch daran glauben und das nicht als Zwang sehen. Sondern die denken: „Wenn ich meine Haare zeige, dann werden sie in der Hölle verbrennen!" (lacht). Das ist sehr naiv, aber wir haben viele solcher Bestrafungen, die ich einfach naiv fand, je älter ich wurde. Es gibt aber auch sehr viele, die sagen: „Es ist mir egal, was alle anderen sagen: Ich trage mein Kopftuch, weil ich dieser Religion eben verfallen bin und daran glaube." Es gibt sehr viele islamische Frauen, die sind wirklich gläubig. Die Jungs eigentlich überhaupt nicht; gucken den ganzen Minirock-Frauen hinterher, wollen die alle ficken... Das gibt's bei uns eigentlich auch nicht: Keuschheit ist ganz wichtig, wenn du nicht verheiratet bist!

Auch für den Mann?
Für den Mann sowieso. Ein Mann darf mehrere Frauen haben, aber das ist früher auch eine Sache der Politik gewesen. Die Männer sind bei den Heiligen Kriegen gestorben wie die Fliegen, und wer sollte da dann die Frauen versorgen? Da hat dann der Sultan oder der Kalif gesagt: „Okay."
Bei uns wurdest du als Mann sehr geehrt, wenn du eine verwitwete Frau aufgenommen hast. Oder eine arme, die sonst nicht überleben könnte, ohne sich zu prostituieren. Und du darfst bis zu sieben Stück haben, solange du sie versorgen kannst. Es geht nur ums Versorgen, das hat nichts mit, wie soll ich sagen, Macho-Gehabe zu tun. So ist das entstanden, und mit dem Schweinefleisch-Essen bestimmt ähnlich.

Du ißt Schweinefleisch?
Neulich hat mich auch so ein Typ angemacht: „Sag mal, ißt du

Schweinefleisch?" Und ich habe gesagt: „Ich mag's nicht, aber ich esse es manchmal." Und der Typ hatte eine Bierflasche in der Hand! Der säuft – und beschwert sich, daß ich Schweinefleisch esse! Dabei ist das beides gleich, und meiner Meinung nach eben beides Quatsch. Ich verstehe schon, daß es gut ist zu sagen: „Trinkt nicht, denn das macht den Geist und Charakter kaputt!"; aber das sollte man schon jedem selbst überlassen.

Sind das demnach Bräuche, die man heute abschaffen sollte, weil die geschichtliche Notwendigkeit nicht mehr gegeben ist?
Ja. Ich mein', die Menschheit lebt von Weiterentwicklung. Ich will den Islam echt nicht schlechtmachen, er hat sehr viele gute Seiten – aber im Islam sehe ich wenig Weiterentwicklung. Vielleicht liegt das ja auch daran, daß die sich erstens sehr isoliert haben und auch sehr engstirnig sind, und zweitens ist diese Religion 622 Jahre jünger als das Christentum. Und ich denke, diese Zeit fehlt vielleicht im Blick auf die Entwicklung oder das reife Denken. Ich sag ja nicht, daß die Christen unbedingt reifer denken, aber die sind halt toleranter, auch Moslems gegenüber. Für Moslems gilt: „Christen sind ja alle Teufel." Das finde ich irgendwie schade.

Wie ist das in Deutschland; sind die hier lebenden Moslems auch sehr fundamentalistisch?
Es gibt einige, klar. Aber das ist nicht so schlimm wie in manchen anderen Ländern, denke ich.
Ich bin dem Islam gegenüber nicht abgeneigt – nur: Was daraus gemacht wird, zur Zeit und auch schon früher... Frauenunterdrückung und so ...

Du hast ja eben beschrieben, daß dir keine feste Religion vermittelt wurde. Gerade in der multikulturellen Gesellschaft vermischt sich alles immer stärker, und es gibt immer weniger Verbindlichkeiten. Und es findet auch relativ wenig Dialog statt.
Da sind beide Seiten ein bißchen engstirnig. Ich glaube, die funda-

mentalistischen Christen sind dem Islam auch abgeneigt. Der eine weiß nichts über den anderen, da fehlt der Austausch.

Den hast du ja früher in der Schule bewußt gesucht. Würdest du sagen, die Leute, die nach Deutschland kommen, müssen sich auch mit der hier vorherrschenden Religion auseinandersetzen?
Dazu kannst du keinen zwingen. Gerade bei uns wirst du ja auch so erzogen, daß du deine Religion als die einzige ehrst. Ich war da ein absoluter Ausnahmefall. Ich bin zu meiner Lehrerin gegangen und hab gesagt: „Ich finde das interessant, und ich möchte nicht zum türkischen Religionsunterricht; da gehe ich sowieso jeden Nachmittag hin." Das war dann auch interessant: Saulus, Paulus, die Apostel... Ich hab dann zu Ostern auch die Jesus-Filme geguckt, und ich find' die Geschichte geil. Ich find' auch die von Mohammed geil, aber das mit den Kriegen gefällt mir eben nicht.

In Deutschland gibt es ja auch Mißtrauen, wenn irgendwo eine Koranschule eröffnet werden soll, weil man befürchtet, daß die Kinder da zu Terroristen erzogen werden.
Ich denke mir, Deutschland ist ein sehr tolerantes Land, und ich kann mir nicht vorstellen, daß die sagen: „Wir haben was gegen ein Gotteshaus." Egal, ob's von einer anderen Religion ist. Ich glaube nicht, daß die denken, da werden Terroranschläge geplant oder Fundamentalismus gesät.

Es gibt ja lange Diskussionen, ob der Muezzin zum Gebet rufen darf.
Ich hab nichts dagegen. Wir müssen uns ja auch die Glocken reinziehen. Okay, es ist euer Land – aber die nerven... Dann soll man das den anderen doch lassen. Es ist ja auch nur Gesang, a capella... Und ich freue mich, wenn ich einen Muezzin höre, dann kriege ich eine Gänsehaut. Ich habe zwar teilweise Abneigungen gegen den Islam, aber wenn ich Filme sehe, wo dann schöne Sachen des Islam erklärt werden, da kriege ich auch eine Gänsehaut. Aber das habe ich auch bei Jesus-Filmen.

Du hast vorhin die Allmacht Gottes erwähnt. Da stellt sich natürlich die Frage: Wenn er alles tun könnte, warum macht er dann nichts gegen das Leid?
Das ist vielleicht einfach so im Plan drin. Ich denke mir, das hat schon alles seinen Sinn.

Glaubst du wirklich?
Nicht direkt, aber es scheint mir gerechter, als daß einer ein schönes Leben hat und der andere nicht und dann beide umkommen. Ich habe eine Mutter gehabt, die in ihrem Leben sehr viel gelitten hat. Ich denke immer: „Mein Gott, was hat diese Frau dir denn getan?" Die war ihr Leben lang krank, hat acht Kinder auf die Welt gebracht, nur zwei davon haben überlebt. Ihr Mann – also mein Vater – hat sie andauernd geschlagen, betrogen, hungern lassen – also: zu Hause kein Geld abgedrückt – und war selber nie zu Hause. Auch das hat mich geprägt. Und ich hab immer gedacht: „Gott, guck mal, die betet fünfmal am Tag zu dir. Die macht alles für dich. Und wieso geht es der so schlecht? Das hat die nicht verdient!" Und vielleicht doch. Mein Vater, dem geht's gut, obwohl's ein böser Mensch ist. Der wird auch steinalt. Andere Leute, die viel leiden, sterben früher. Ich denke mir, es ist nicht so, daß alle Menschen gleich sind. Die Seelen sind schon reif oder unreif.

In „Im Namen Gottes" heißt es: „Wie leben nicht für den Tod, aber wir sterben für das Leben." Ist das auch gegen die Vertröstung gerichtet, man müsse im Diesseits leiden, und im Jenseits sei dann alles besser?
Ja, dagegen richtet sich das. Das kannst du auf die verschiedenen Religionen beziehen, auf den Islam wie aufs Christentum. Und auch auf den Buddhismus, mit der Wiedergeburt.
Ich denke mir: „Was können Behinderte dafür, daß sie behindert auf die Welt kommen? Wieso? Das kann kein Fehler Gottes sein!"

Wenn das mit der Wiedergeburt der Fall wäre, dann wäre dieses Leiden ja der konkrete Wille Gottes. Man könnte ja aber auch sagen: „Damit hat Gott nichts zu tun, dafür ist er nicht zuständig – das passiert halt." Und ich hätte Probleme damit, zu einem behinderten Kind zu sagen: „Du hast halt in deinem vorigen Leben Mist gebaut und wirst jetzt dafür bestraft!"

Das ist hart, klar! Aber ich suche immer nur die Gerechtigkeit in dem ganzen System; und es ist halt ungerecht, wenn ich behinderte Leute sehe, ob die nun durch einen Unfall oder von Geburt an behindert sind... Das ist vielleicht auch zu kraß. Aber ich denk' halt in so einem gerechten System, weil ich Gott mit Güte und Gerechtigkeit verbinde. Mir wurde das von vornherein so beigebracht, als Allererstes.

Gibt es einen Auftrag Gottes an die Menschen?
Der Auftrag besteht in der Nächstenliebe. Es gibt vielleicht Leute, die stärker das Bedürfnis haben, den Nächsten zu lieben, und es gibt Leute, denen das scheißegal ist. Und ich glaube, das hat nicht nur mit Verstand, sondern mit Herz zu tun. Es gibt sensible und unsensible Leute.
Trotzdem hat das auch alles mit Erziehung zu tun. Meine Mutter hat mir immer gesagt: „Sei gut, und es wird dir auch nach dem Tod nicht schlechtgehen." Inwieweit ich mich nun daran gehalten habe, kann ich schlecht beurteilen; ich weiß nur, daß ich sehr oft Nächstenliebe verspüre. Auch für Leute, die ich gar nicht kenne. Wenn ich mir die genau angucke, dann denke ich: „Mein Gott, das ist auch nur so'n verletzliches Wesen wie du. Und irgendwann stirbt's, wie du."

Aus deinem Glauben folgt also zwangsläufig ein gewisser Umgang mit anderen Menschen, weil du in ihnen auch das Geschöpf Gottes erkennst?
Sicher. Ich würde nicht sagen, daß ich durchweg ein gütiger Mensch bin; ich kann auch böse sein, aber eigentlich nicht grund-

los. Klar, es gibt Leute, die ich nicht so gerne *mag,* aber *hassen* tue ich niemanden. Ich habe noch nie jemanden gehaßt, und darauf bin ich auch total stolz. Ich war wütend, ich hab auch schon Leute verprügelt und eine Zeitlang gar nicht mein Leben mit Gott verbunden, in meiner Jugend halt sehr viel Scheiße gebaut. Ich hab's aber nach fünf Minuten immer wieder bereut. Wenn ich früher mit mehreren jemanden grundlos verprügelt habe – das lag auch an meinem Umfeld –, dann war mir das in dem Moment wurscht. Aber danach tat's mir richtig weh im Herzen. Wenn der danach geblutet oder geweint hat, dann hätte ich selber heulen können. Natürlich habe ich das vor meinen Freunden nicht gemacht, sondern ich bin dann heimlich hingegangen und habe gesagt: „Hey, das tut mir total leid. Ich weiß nicht, wieso ich das gemacht habe!" Ich habe auch nie eine Anzeige bekommen.

Siehst du es als deine Aufgabe an, als Rapper vor einem Publikum auch eine gewisse Botschaft zu vermitteln?
Ja, von Anfang an. Seit ich Musik mache, habe ich immer versucht, auch Nächstenliebe, Gerechtigkeit und Güte da reinzubringen.
Ich glaube schon an Gott, Liebe und Güte, und will das auch weitergeben.

Tom Liwa

„Die Angst, es zu verlieren, wertet alles auf, was ich hab"

Du hast auf dem Album „Mamas Pfirsiche" den R.E.M.-Hit „Losing my religion" gecovert. Was war die Motivation dazu?
Die Motivation war schlicht und einfach, einen großartigen Text vorzufinden und übersetzen zu wollen, weil er mir aus dem einen oder anderen Grund aus der Seele sprach. Die Art und Weise, wie Michael Stipe hier Religion auffaßt, ist sehr ursprünglich, dem etymologischen Sinn entsprechend: als *Rückbezug* eben. „Den Bezug, das Urvertrauen verlieren" – davon redet er ja eigentlich, und das in verschiedenen Lebenssituationen gefiltert, die eben auch seine Rolle als öffentliche Person widerspiegeln. Naja, und da habe ich mich halt drin gefunden, auch wenn mein Status und

meine Situation sich bestimmt erheblich von Stipes unterscheiden.
Grundsätzlich sind da viele Lieder, in denen eine – ich sag mal: – quasi-religiöse Haltung mitschwingt. Und das nicht, weil ich irgendwen missionieren will, sondern ganz einfach, weil sie mir persönlich hilft, Situationen einzuschätzen und präzise zu beschreiben. In meinem gesamten „Werk" ist es ja meistens so, daß ich aus Distanz schreibe – nach Krisen, nach schlimmen Situationen –, also die Möglichkeit der Überwindung immer schon ein Stückweit mitliefere. Ein Grundthema, das ich herauskristallisieren könnte, ist der ewige Kampf zwischen Romantik auf der einen Seite und Zynismus auf der anderen, die mir beide nicht gefallen. Realismus, Optimismus, Selbstversagung und solche Dinge werden ja ständig verhandelt. Genauer: Meine Protagonisten haben da ständig mit zu tun.

Du hast Religion eben als „Bezüge" übersetzt. Ist das so, wie du Religion allgemein siehst, also als das, wo man verwurzelt ist im weitesten Sinne?
Ja. Ich sehe Religion schon als ein Wertesystem, andererseits aber auch als psychologische Technik, was jetzt bestimmt erst mal komisch klingt, wenn man an die Schulpsychologie denkt. Ich hol mal ein bißchen weiter aus... Gestern abend hab ich mich noch mal hingesetzt – im Hinblick auf das Gespräch heute – und mich ganz grundsätzlich gefragt: Woran glaube ich?, und vor allem: Wo fängt dieser Glaube an? Wenn ich mir das ganz radikal beantworte, lande ich automatisch in einem Bereich, der so elementar ist, daß der allgemeine Sprachgebrauch ihn gar nicht als religiös erachtet. Das erste, was ich glaube, ist, daß ich wirklich existiere. Letzten Endes habe ich dafür keine wirklich greifbaren Beweise und könnte genauso davon ausgehen, daß ich lediglich ein Gehirn im schwarzen Kasten bin, das sich das alles nur ausdenkt. Ich glaube aber an die Wirklichkeit der mich umgebenden Dinge und Personen, und genau damit fängt es an und verlängert sich in mein Leben hinein.

Alle Religionen sind aus meiner Sicht eigentlich Systeme, die versuchen – ausgehend von diesem Urvertrauen, das ein neugeborenes Kind, nachdem es den Schock der Geburt erst mal verpackt hat, erlangt – einen Weg zu finden, um das Streben nach Zufriedenheit, das wir alle haben, auf einen systematischen Weg zu leiten. Da sehe ich den Ursprung von Religion. Von diesem Urvertrauen ausgehend dem Leben einen übergeordneten Sinn zu geben, auch wenn es sehr schwer ist, mit so Begriffen wie „sinnvoll" zu operieren. Letzten Endes hängt es natürlich auch damit zusammen, daß wir alle wissen, daß wir irgendwann sterben werden, und unsere Angst vor dem Tod auch damit kompensieren, daß wir Dingen in unserem Leben und unserem Leben selbst eine Bedeutung verleihen.

In „Über den Berg" singst du ja auch: „Meine Angst, es zu verlieren, wertet alles auf, was ich hab."
Ja, es geht um das Bewußtsein, daß alles vergänglich ist und eben verloren werden kann. 'ne zweite Sache, an die ich glaube, ist, daß wir nicht nur alle hier sind und existieren, sondern daß wir gewisse psychologische Grundstrukturen miteinander teilen, wie eben das Streben nach Zufriedenheit, die Angst vor Tod, Verlust und vor Angst an sich; Liebe, Haß, solche Dinge halt, die uns alle miteinander verbinden und zu immer neuen Verstrickungen führen. Ich glaube, daß wir uns da sehr viel ähnlicher sind, als wir gemeinhin denken. Wir haben dieselben Strukturen, befinden uns in dieser Welt und suchen nach einer wie auch immer gearteten Ordnung.

Und Religion oder die verschiedenen Religionen sind demnach verschiedene Versuche, die Welt erklärbar zu machen?
Die Welt erklärbar zu machen und dem eigenen Handeln eine Direktive zu geben. Also ich meine, bei den meisten Weltreligionen läuft es ja auf ein Handeln zum Wohle aller Lebewesen raus – zumindest auf dem Papier. Ich denke, das ist so die Grundessenz.

Wäre das auch der Maßstab, den du an Religion anlegen würdest, oder siehst du alle Religionen da als gleichwertig oder gleichberechtigt an?

Also erst mal gehöre ich keiner festen Schule oder organisierten Glaubensrichtung an und habe mich auch nie in so etwas wie einer Gemeinde bewegt. Es war so: Ich bin aufgewachsen in einem Elternhaus, in dem Religion keine große Rolle spielte, hatte aber eine Tante, die mir auf einer sehr banalen, sehr greifbaren naturalistischen Ebene ein bißchen was vom lieben Gott erzählt hat, den es also für mich gab. Dogmen und dergleichen hingegen gab es nicht. Zu diesem lieben Gott habe ich auch gebetet, wenn es mir schlechtging, was ich heute noch tue – mal mehr, mal weniger –, nur anders und weniger ego-fixiert, d. h. ich bete eher für andere als für mich, und wenn für mich, dann so, daß ich sag: „Gib mir die Kraft, die Dinge so zu sehen, wie sie sind." Ich bin dankbar dafür, daß ich mit der Technik vertraut wurde, Zwiegespräch halten zu können mit einer übergeordneten Instanz, einer Art personifiziertem Vertrauen. Seltsamerweise stelle ich mir den immer mit einem Fusselbart und 'nem Norwegerpulli vor – so ist er halt in meinem Kopf drin.

Dann irgendwann stand ich vor der Wahl, ob ich konfirmiert werden sollte oder nicht, und in meinem Fall gab es da die ganz einfache Lösung. Mein Cousin wurde ein Jahr vor mir konfirmiert und hat von den Großeltern 600 DM dafür gekriegt. Ich hatte die Wahl, ob ich mich konfirmieren lasse oder ob ich die 600 DM für nix kriege, da meine Großeltern auch einen eher atheistischen Gerechtigkeitssinn hatten. Ich habe also das Geld eingesteckt und bin nicht konfirmiert. Ich selber habe mich zu der Zeit auch überhaupt nicht dafür interessiert. Sehr viel später ging das los, daß Religion, Sinnsuche ganz allgemein zum großen Thema für mich wurde, das ich mir dann mehr oder weniger aus dem Blauen heraus durch Bücher, Selbstbeobachtung und Gespräche erarbeitet habe. Ein solcher Weg birgt natürlich Risiken. Einerseits ist jede spirituelle Entwicklung immer mit falschem Stolz, elitären Gedanken und so was verbunden, die man erst mal erkennen und dann allmählich in den Griff kriegen muß. Andererseits ist eine Einbindung in eine religiöse Gemeinschaft von klein auf, ähnlich wie eine „gute" Kindheit, nicht mit dem zu vergleichen, was man in der Pubertät, zu einer Zeit also, in der man sich vornehmlich über Zweifel definiert, so zusammenbastelt. Ich habe schon einen sehr großen Respekt vor Leuten, die sich einer Schule anschließen, sich dort entwickeln, und sämtliche östlichen Schulen sagen ja auch, daß du ohne einen Guru, also jemanden, der dich irgendwie leitet und führt, nirgendwo hinkommst.

Mein Weg, und mittlerweile will ich da auch gar nichts dran ändern, war und ist jedenfalls an keine Schule gebunden. Ich habe immer eher versucht, aus den verschiedenen Pfaden die Gemeinsamkeiten herauszukristallisieren, um zu so was wie Archetypen menschlichen Glaubens zu kommen. Genau wie ich in Gesprächen immer grundsätzlich darauf aus bin, daß so etwas wie eine Öffnung entsteht oder besser: so etwas wie eine zwischenmenschliche Wahrheit, von der aus ich wieder auf mein eigenes Leben zurückschließen kann.

In den Liner notes zu „Einsam" sprichst du von den einfachen Wahrheiten des Lebens. Was du eben gesagt hast – diese menschlichen Grundbedürfnisse und auch die Gemeinsamkeiten der Menschen –, sind das die einfachen Wahrheiten?

Das sind welche, ja! Eine einfache Wahrheit des Lebens ist es natürlich auch, daß es am nächsten Morgen wieder hell wird und man sich – naja, zumindest ziemlich sicher – darauf verlassen kann. Oder daß Afrika wirklich existiert, obwohl man nie da war. Kann ich den Nachrichten glauben? Kann ich dem Globus glauben? Oder kann ich nur das für wahr halten, was ich greifbar vor mir sehe? Ich hab ein Bild von der Welt, und das ist ein tradiertes Bild. Ich denke, viele dieser Wahrheiten sind uns dadurch, daß sie in der Menschheitsgeschichte millionenfach ausgesprochen wurden, mittlerweile immanent. Ich denke, diese Dinge werden als

Wahrheiten empfunden, weil sie quasi wie 'n Mantra immer wiederholt wurden... und werden.

In „Einsam" kommt die Frage auf: „Werd' ich diesen Ort verlassen, bevor ich mich zu Hause fühle?" Ist Religion in deinen Augen auch das Gefühl, sich auf dieser Erde oder in unserer Gesellschaft nicht ganz zu Hause zu fühlen und deswegen vielleicht nach einem übergeordneten Sinn oder nach einer höheren Instanz zu suchen?

Bezogen auf dieses abstruse Gebilde „Gesellschaft" klingt mir das immer zu sehr nach „Hier wir / da ihr" und somit sehr jugendlich. Aber: Ja! Ich glaube, daß Heimatlosigkeit ein grundsätzliches menschliches Problem ist, beginnend damit, daß wir ja schon bei der Geburt unsere erste Heimat, den Bauch der Mutter, für immer verlassen. Eine Heimat oder ein Zuhause kannst du wirklich erst in dem Moment haben, wo du irgendwo bist und auch nicht irgendwo anders hinwillst. Du mußt dein Zuhause annehmen und dich in dir selbst und in der Position, in der du gerade bist, wohl fühlen. Und ich glaube, das ist für die Menschen – gerade durch ihre Eingebundenheit in Vergänglichkeit – das Schwerste überhaupt. Wir werden sterben, und wir wissen es – dadurch liegt ein ungeheures Gewicht auf jedem Moment, den wir nicht verdrängen, was genau der Grund ist, warum wir so viel verdrängen. Andernfalls wäre die unglaubliche Trauer darüber, daß immer alles weggeht, ja überhaupt nicht zu ertragen. Naja, und ich denke, unsere Rastlosigkeit rührt genau da her: aus diesem Zwiespalt zwischen Flucht, Kompensation und auf der anderen Seite dem dringenden Bedürfnis nach Wahrheit, wie auch immer. Persönlich glaube ich, ein wirkliches Heimatgefühl, ein Wohlfühlen in sich selbst und meinethalben auch so was wie „Freiheit" ist nur dann möglich, wenn man sich diesen Fragen und seinen eigenen Unzulänglichkeiten immer wieder rückhaltlos stellt und sich damit arrangiert, um nicht woanders hinzuwollen.

Glaubst du, daß das ein Ziel ist, das man erreichen kann – voll und ganz?

Also, ich würde da lieber mit dem Sisyphus-Mythos antworten, also lieber sagen: Auch wenn du es nicht erreichen kannst, ist der Versuch es einfach wert! Der Versuch hebt dein Leben auf eine andere Stufe, und es geht letzten Endes auch gar nicht so sehr darum, das Ziel zu erreichen. Eher schon ist es ein Arrangement mit der Unmöglichkeit, dieses Ziel zu erreichen, was dich ihm näherbringt ...

Solche verschiedenen Versuche oder Umbruchsituationen beschreibst du ja in „Eng in meinem Leben". Gibt es aber irgend etwas, wovon du sagen würdest, das hat dich durch die verschiedenen Phasen deines Lebens bei allen Veränderungen konstant begleitet?

Was mich permanent begleitet, ist eine Art Beobachter. Also im Prinzip das, was ich den roten Faden meiner Existenz nennen würde. Das klingt jetzt so fürchterlich abstrakt, ich weiß nicht, ob du nicht viel lieber was viel Konkreteres hören willst, aber all diese Veränderungen sind ja Teil eines Stranges. Erst mal eines Zeitstranges, nämlich meines Lebens. Und ich denke, jede Krise und jede Katastrophe und jeder Punkt, an dem du merkst, daß du eben nicht so bist, wie du gerne mal sein wolltest – das Erkennen von Katastrophen, von Momenten, wo alles über dir zusammenbricht, ist immer auch eine Chance, dein Welt- und Selbstbild zu transzendieren. Ich glaube, wenn du diese Einstellung kultivierst, dann wird es für dich keine Brüche geben, höchstens eine Kontinuität von Brüchen – aber die kann dich nicht mehr so leicht aus der Bahn werfen.

Wobei in dem Ansatz „Es wird schon zu irgendwas gut sein", oder: „Es wird schon seinen Sinn haben" doch auch die Gefahr liegt, daß man vieles zu einfach akzeptiert, oder?

Mit dem Fatalismus ist es ja so: Wenn alles vorbestimmt ist, dann auch das Maß deines persönlichen Eingreifens, was zwangsläufig heißt, daß du dich eben nicht zurücklehnen und zugucken kannst.

Sich mit Fatalismus rauszureden ist feige, falsch und vor allem auch dumm. Über das Konzept der Vorbestimmtheit sagt es allerdings nichts aus. Wenn ich jetzt das Gefühl habe, ich muß spontan handeln und das tun, was von mir gefordert ist, egal aus was für einem Grund, und dann später merke, daß ich mit diesem spontanen Handeln nur in Teufels Küche gekommen bin, ist das sicherlich nicht das, was man sich landläufig unter einer fatalistischen Handlungsweise vorstellt, entspricht aber demselben Ansatz. Was bliebe auch sonst? Vernunft? (lacht)

Ich denke mir, man kann, wenn man nachher zurückguckt, gerade leidvollen Erfahrungen schon einen Sinn abgewinnen, indem man irgendwie gereift daraus hervorgegangen ist. Ich find's nur immer gefährlich, wenn man von vornherein probiert, einen positiven Sinn in leidvolle Erfahrungen an sich hineinzuinterpretieren.

Völlig klar können Menschen auch gebrochen werden. Es gibt wirkliche Katastrophen, und es ist sehr schöngeredet zu sagen, auch das ist letzten Endes dann wieder nur ein Neuanfang und nicht nur ein Ende. Mir liegt auch nichts ferner als diese „Positiv Denken"-Scheiße. Ein Ideal wäre eher: „Denk neutral". In letzter Konsequenz ist das aber doch auch gerade das Trostvollste, was du jemandem in einem Moment, wo es ihm wirklich schlechtgeht, sagen kannst: daß er die Möglichkeit hat, das, was da gerade passiert ist, als Option in seinen Erfahrungsschatz einzubauen. Was wiederum natürlich nicht heißt, daß du immer weiterkommst. Es kann sein, daß du am Ende des Tages genauso blöd bist wie am Anfang. Letztlich zählt wieder mehr der Glaube daran, daß es Dinge gibt, die wichtiger sind, die mehr Gewicht haben als die Niederlagen, die uns im Alltag passieren. Zum Beispiel, seine Würde nicht zu verlieren.

Hat Glaube dann für dich auch sehr viel mit Optimismus oder Hoffnung zu tun?

Ich finde das Wort Hoffnung schwächer als das Wort Glaube, weil

Hoffnung eben nur diesen positiven Aspekt beinhaltet, während Glaube eben durchaus auch der Glaube an Katastrophen sein kann. Und Hoffnung ... Das ist wirklich ein sehr schwieriger Punkt mit diesem „Positiv Denken!". Mir gefällt Optimismus als Grundhaltung nicht. Ich würde immer eher was bevorzugen, was ich als Realismus bezeichnen würde.

In „Requiem" sagst du: „... da ist nichts, woran wir beide uns festhalten können", und in dem kurzen Text davor schreibst du: „Der Tod ist immer nur schlimm für die Überlebenden."
Das ist natürlich auch erst mal nur ein Glaubenssatz. Das, was faktisch im Leben spürbar ist, ist, daß die Überlebenden trauern, wenn jemand stirbt; und du weißt nichts darüber, was mit dem Toten in dem Moment ist. Dazu gibt es eben verschiedene Ansätze. Es gibt den christlichen Ansatz, und es gibt das tibetische Totenbuch, das davon ausgeht, daß eine Umkehrung deiner psychologischen Struktur stattfindet und du dann irgendwann wiedergeboren wirst. Aber letzten Endes wissen wir eben nichts über die Empfindungen des Toten, und jede Beschäftigung mit dem Tod in der Kunst ist immer eine aus Sicht der Überlebenden. Und die Trauer – es ist halt viel gesicherter, daß die Überlebenden trauern, als daß der Tote leidet. Wenn man sich diese ganzen Dualismen ansieht, denen wir ausgesetzt sind, seit wir geboren sind bis zu unserem Tod hin, ist ja eher davon auszugehen, daß diese Dualismen mit dem Tod irgendwie ein Ende finden. Und zu diesen Dualismen gehören dann eben auch Freud und Leid – also ist insofern der Tod immer nur schlimm für die Überlebenden, weil die eben mit dem Verlust zu kämpfen haben. Und mit den nicht gesagten Sätzen. Weil dann eben keine Hoffnung auf Versöhnung mehr da ist.

Du sagtest eben, daß Glaube eher Realismus als Hoffnung ist: Glaube ist ja doch oft immer noch so ein Gegenentwurf, etwas, das den alltäglichen Lebenserfahrungen ein bißchen widerspricht oder sie übersteigt. Was einem Kraft gibt, doch eben irgendwo das Positive oder seine eigentlich positive Grundveranlagung oder Bestimmung zu sehen, auch wenn man sich jetzt im Leben gerade negativ erfahren muß.

Ich glaube nicht an ein Himmelreich, in dem dann alles gut ist, vor allem nicht, wenn dieses Himmelreich quasi eine Blaupause ist für das, was hier passiert – eine Welt mit allen Dualismen und Gegensätzen, nur mit dem Unterschied: alles ist schön und prima. Überhaupt dieser Gedanke: „Alles wird gut", eben auch durch gewisse Techniken: Wenn man sich dementsprechend verhält, wird alles gut... An solche Dinge glaube ich nicht. Ich glaube auch an die Katastrophen. Und ich glaube vor allen Dingen an den Satz, daß der, der nichts erwartet, eben auch nicht enttäuscht werden kann, und das ist Realismus. Ich denke, daß der Moment wichtig ist und daß die ganzen Hoffnungen und Projektionen ja letzten Endes auch dazu führen, den Moment zu vernachlässigen. Oder dazu führen können. Aber wenn ich weiß, es gibt Katastrophen, und die können einfach passieren – das ist etwas anderes. Es kann sein: Wenn ich zum See fahre, joggen, und dann komm ich nach Hause und erfahre, daß meine Frau tot ist – das kann einfach passieren, und wenn Hoffnung dann nicht nur Hoffnung ist, die durch so was gebrochen werden kann, sondern eine Hoffnung darauf, daß ich die Kraft habe, mein Päckchen, wie heftig es auch immer ausfällt, zu tragen, ... dann ist das Hoffnung auf Kraft.

Woran machst du diesen Glauben fest?
Ich weiß nicht genau, woher dieser Glaube eigentlich wirklich kommt, wo er seine Quelle hat. Mir stellt es sich in meinem Leben so dar, daß es einfach unabdingbar ist, daran zu glauben, wenn ich mich selber nicht aufgeben will. Also ich meine jetzt nicht mein Ego, sondern mein Leben, was ja auch Kampf mit dem Ego beinhaltet. Aber wenn ich mein Leben nicht aufgeben will, dann komme ich ohne diesen Glauben nicht aus. Er ist eben auch einfach da, so wie ich mich freue, wenn mir die Sonne auf den Pelz

scheint, oder wie ich aufs Klo gehe. Eigentlich sind das sehr normale Dinge. Ich kann auch diese Trennung zwischen spirituellem und weltlichem Bereich eigentlich nicht richtig sehen, weil – ich hab das ja am Anfang des Gesprächs auch gesagt – für mich der Glaube schon da anfängt, daß ich an meine Existenz glaube, und das ist ja was sehr Grundlegendes. Das sind also nicht irgendwelche Dogmen und Gesetze, denen ich mich unterwerfe, sondern eher Gesetze, denen ich mich zwangsläufig unterworfen sehe.

In „Über den Berg" spielst du mit dem Gottesbegriff. Ist Gott für dich ein Synonym für dieses Urvertrauen, oder – in dem Fall – für Religion?
Das kommt darauf an, wie ich's benutze und wo ich's benutze. Manchmal benutze ich das Wort auch einfach sehr kokett, um damit zu provozieren. Du weißt ja auch, daß für manche Leute schon die Beschäftigung mit spirituellen Dingen 'ne ziemliche Provokation ist. Andererseits ist das einfach auch ein Mittel, um irgend etwas aufzurütteln oder sich selbst exzentrischer zu gestalten, als man eigentlich ist. Aber wenn ich aufrichtig von Gott rede, dann rede ich von dieser spirituellen Kraft, die für mich spürbar ist.

Siehst du das dann als großen Unterschied zum christlichen Gott oder zum islamischen Gott, zur verfaßten Religion allgemein?
Es ist halt schon 'ne sehr naturalistische Auffassung, die ich da hab. Andererseits gehe ich davon aus, daß sowohl dem Islam als auch dem Christentum im Ursprung auch solche Gedanken und solche Überlegungen zugrunde liegen. Die Sachen wurden dann natürlich irgendwann ritualisiert und auch anderen Menschen auferlegt und eben, wie du sagst, verfaßt. Und in dem Moment passierte das, was immer passiert, wenn Menschen anfangen, sich theoretisch mit Dingen zu beschäftigen: daß sie nämlich große Gebäude errichten, die dann teilweise sogar im krassen Gegensatz zu dem stehen, was sie eigentlich verkörpern sollten. Das liegt jedoch eher an der Unzulänglichkeit des Menschen, nicht an der Quelle solcher Erfahrungen.

Wenn Spiritualität und wirkliches Leben zusammengehören, siehst du es dann so, daß sich aus deinem Glauben automatisch eine gewisse Ethik oder moralische Verhaltensweise ableitet?

Moralische Verhaltensweise auf jeden Fall, ja, 'ne Ethik auch, und auch eben ganz pragmatisch greifbare Sachen, wie, daß ich eben meinen Alltag ritualisiere, daß ich – das klingt möglicherweise kitschig, aber wenn ich morgens zum See gehe und jogge und dann nachher im See schwimmen gehe, fasse ich das auch als 'ne spirituelle Reinigung auf. Es ist einfach so, daß ich bestimmte Dinge damit ablege und mich selber erneuere und Kraft schöpfe durch bestimmte Dinge. Egal, ob das jetzt so etwas wie sechs Stunden lange Autofahrten sind, in denen man kontemplativ alles an sich vorbeiziehen läßt und sich von den Sachen verabschiedet, oder ob das einfach so etwas wie praktizierte Nächstenliebe ist. Ich käme mir unaufrichtig vor, wenn ich das Ganze nur als abstraktes Konstrukt für mich sehen würde, was ich dann in Diskussionen benutze, um zu unterstreichen, daß ich mich für mehr als für den MSV interessiere.

Der MSV Duisburg hat dann eher wieder mit normaler Hoffnung zu tun?
Klar, obwohl man das ja daran alles sehr schön exemplarisch nachvollziehen kann.

Was ist deine Ethik oder deine moralische Verhaltensweise, wie sieht die aus? Du hast eben gesagt: „praktizierte Nächstenliebe"...
Ja, also grundsätzlich habe ich schon diesen buddhistischen Grundsatz, daß alles Leben Leiden ist und daß ich weiß, daß alle Menschen in ihrem Inneren leiden. Und daß dieses Leiden überwindbar ist, indem man sich von Habgier, Eifersucht, Neid und solchen Dingen halt so gut wie möglich zu lösen versucht und sein Handeln so ausrichtet, daß es zum Wohle aller Lebewesen ist.

Teilst du auch die buddhistische Auffassung von Ursache und Wirkung? Oder, etwas weiter gefaßt, daß das, was du in dir trägst, dann auch in deiner Umwelt reflektiert wird?
Das ist ja ganz praktisch erfahrbar. Wenn ich nett zu Menschen bin, sind die nett zu mir; wenn ich mich öffne, öffnen die sich mir. Ich glaube allerdings nicht, daß Ursache und Wirkung immer so direkt sichtbar sind. Ich denke schon, daß die Welt auf der Grundlage von Ursache und Wirkung funktioniert, aber ich glaube nicht, daß die Menschen den direkten Zusammenhang zwischen den verschiedenen Ursachen und den verschiedenen Wirkungen immer erkennen können. Und ich glaube auch gar nicht, daß es gut für sie ist, das immer zu erkennen. Aber daß da Ursache-Wirkung-Verkettungen sind, ja!

Nur funktionieren sie eben nicht so kurzfristig, sondern ...
Sondern teilweise in einem sehr viel größeren Rahmen. Ein ganz einfaches Ding: Diese christliche Auffassung, durch praktizierte Nächstenliebe – also ich vereinfache das jetzt mal ganz blöd – Gutscheine sammeln zu können und dann halt ins Himmelreich zu kommen, funktioniert meines Erachtens nicht so gut, wie sie teilweise auf dem Papier steht. Denn wenn man sich an Glaubenssätze und moralische Grundsätze hält, kann man trotzdem noch ein ganz entsetzliches Arschloch sein. Und ich denke, dann wird man dafür seine Strafe kriegen, auch wenn man nicht seines Nächsten Weib begehrt hat und niemanden ermordet hat. Ich glaube, daß diese Dinge viel mehr im Inneren stattfinden. Also: Es gibt keinen Freifahrtschein für irgend 'ne Erlösung.

Wenn du gerade sagst: „... seine Strafe kriegen": Glaubst du an irgendeine Form von Gericht oder von Gerechtigkeit, in dem Sinne, daß man die Wirkung dessen auch zu spüren kriegt, was man gelebt hat?
Naja klar, ich mein': Fang an, Heroin zu nehmen, dann kriegst du die Strafe dafür. Die Strafe dafür, zuviel Hochgefühl auf einmal haben zu wollen und zuviel glamouröse Distanz – die wird dich

dann in die Isolation treiben. Also ein ganz direktes, pragmatisches Beispiel. Im Leben ist das eindeutig so. Nur diese Dinge als Strafe aufzufassen, naja... „Strafe" und „Gericht" sind so Worte, die direkt nach einer zürnenden Instanz klingen, an die ich nicht unbedingt glaube. Aber ich denke, daß es im Rahmen von Ursache und Wirkung so etwas wie eine wie auch immer geartete Rechnung gibt, die dann eben aufgeht, klar.

Also glaubst du nicht an ein jenseitiges Endgericht? Denn es ist ja oft nicht ersichtlich – es sterben ja auch Leute, bei denen man so denkt, naja... der trägt eigentlich noch 'ne offene Rechnung mit sich rum, und da ist das eben nicht aufgegangen. Gibt es ja in beiden Richtungen, in der guten wie in der schlechten.

Gut, die sterben, aber – wie gesagt – wir wissen nicht, was nach dem Tod wirklich passiert und ob da irgendein Gericht ist oder irgend etwas. Diese Gerechtigkeit, die du da ins Spiel bringst, die klingt dann sehr nach ‚von Menschen ausgedacht'. Das ist genau, wie wenn deine Familie bei einem Autounfall stirbt und du dich dann fragst: „Warum ich?", „Warum meine Familie?". Das sind halt Fragen, die nicht beantwortbar sind, die auch gar nicht beantwortet werden sollen, weil die Ursache und Wirkung, die hinter solchen Dingen steht, halt gar nichts mit deinem persönlichen Schicksal zu tun hat. Das sind Katastrophen, und die passieren, und möglicherweise gibt es dahinter 'ne Ordnung. Aber ob du diese Ordnung erkennst oder nicht, spielt letzten Endes keine Rolle. Was 'ne Rolle spielt, ist, wie du die Option, daß solche Dinge passieren können, in dein Leben einbaust und wie du damit klarkommst.

Eines meiner Lieblingslieder von den „Flowerpornoes" ist „Parkplatz von Eden". Weil das für mich so eine ganz unkomplizierte Demutshaltung ausdrückt ...

Im Prinzip kirchentagskompatibel.

Ja, paßt schon: „Danke für diesen guten Morgen". Aber ist eben nicht so glatt wie Kirchentagslieder, die sonst so gesungen werden.

Ja, aber das beinhaltet eben diese Ethik, daß dein Leben viel zu schnell vorbeigeht, wenn du dich ständig nur fragst, warum du der Verlierer bist. Und daß es schon darum geht, 'ne Dankbarkeit deiner Existenz gegenüber zu entwickeln und 'ne Dankbarkeit deinen Fähigkeiten gegenüber. Es ist nicht selbstverständlich, daß du sehen und hören kannst und daß dir schöne Dinge widerfahren.

Würdest du das zum Beispiel auch Behinderten sagen?
Ich würde das auch 'nem Behinderten sagen, klar. Ich würde ihm auch sagen, daß er aus meiner Sicht nicht gestraft ist durch diese Behinderung, sondern daß das einfach nur seine Grundvoraussetzung zu leben ist und daß, wenn er da jemals mit klarkommen will, das sicher nicht über Schuldzuweisungen oder die Frage läuft, warum ausgerechnet er gestraft ist, sondern einfach ganz konkret das zu sehen, was ist.

Xavier Naidoo

„Ich hab einfach Angst vor Gott"

Ist es dir wichtig, daß Lieder auch textlich eine starke Aussage haben?
Mir schon. Wenn man mich fragt, dann ist halt im Moment viel zuviel Seichtigkeit unterwegs. Also, man kann logischerweise auch Parties feiern, kein Thema, aber ich hab mir immer gedacht: Auch wenn's nur ein paar sind, es muß auch Leute geben, die so denken wie ich, die auch dieses Unbehagen spüren, weißt du? Ich habe

halt 'n großes Unbehagen, und warum soll man darüber nicht sprechen?

Anscheinend muß der DJ Bobo halt über andere Sachen sprechen und verfolgt ganz andere Ziele als ich. Obwohl er eigentlich ja auch immer so'n gewisses – wie soll ich das jetzt sagen? – das ist da schon drin. In englischer Musik ist es anders, aber in deutscher Musik war für mich nie was, wo ich gemerkt habe: Da will mir noch einer was darüber hinaus sagen! Ich wüßte jetzt nicht, was ich da aufzählen sollte.

Wenn ich dann so manche Leute höre, dann denke ich oft schon: Eigentlich müßte der 'n Plan haben. Denn für mich geht's schon darum: Wer hat 'n Plan und wer nicht? Und wenn dann halt jemand nur 'rumerzählt: *Skills, Styles*, was weiß ich, wenn da kein *Knowledge* rüberkommt, dann ist das kein MC für mich. „MC" ist immer noch „Master of Ceremony", und um was für 'ne Zeremonie geht's denn da? Prince z.B., oder Van Morrison – bringt mich zum Heulen, der Typ, wenn ich höre, was der über Gott singt! Und solche Sachen haben mir in Deutschland immer gefehlt.

Dein Name wird ja „Saviour", der Retter, ausgesprochen. Siehst du das als deine Berufung?

Du kannst dir ja überlegen, wie das ist für einen, der mit dem Namen großgeworden ist. Irgendwann merkt man im Gospelchor, daß die Leute bei dem Namen immer anfangen zu kichern. Mein Name wird halt nur bei uns im Süddeutschen so ausgesprochen, weil es da kein stimmhaftes „S" gibt.

Ich sag's immer wieder so: Wenn dieser Job frei ist, dann mach ich ihn gerne. Im Endeffekt muß ich sagen, fühl' ich mich schon berufen, darüber zu sprechen, daß es Gott gibt.

Also eine gewisse Art von Mission?

Mit Mission kann man auch verbinden, daß jemand hingeht und sagt: „Du hast keine Chance!" Da habe ich eben meine Manschetten.

Bei Hesekiel steht sinngemäß: „Jeder, dem du nicht sagst, daß das Ende nahe ist, der wird dir angekreidet; das ist dein Blut, was dann vergossen wird." Ich geh aber halt eher so: „Wer Ohren hat, der höre!" Meine Musik ist jetzt da draußen, wenn ich jetzt in jedem zweiten Satz davon singen würde, daß Gott..., dann würden sie alle sagen: „Das ist Sakro-Pop!", in keinem Radio würde das laufen. Da mußt du schon so'n bißchen weise vorausblickend sein.

Du bist ziemlich streng katholisch erzogen worden. Würdest du dich auch als katholisch im konfessionell-kirchlichen Sinn beschreiben, oder trennst du da zwischen Gläubigkeit und Kirchlichkeit?
Ich glaube, das trennen immer mehr Leute. Aber viele trennen leider auch: „Kirche – nichtgläubig" und schließen im gleichen Atemzug auch mit Gott ab. Und das ist bei mir nicht!
Ich hab so meine Probleme, mit der Kirche abzuschließen, sich jetzt hier irgendwo hinzustellen und zu sagen: „Die Kirche ist völliger Bullshit!" – was eigentlich meine Meinung ist.
Doch auf der anderen Seite sind da viele, viele Leute involviert, die denken, daß sie da was bewegen können und was tun, so daß ich nicht weiß, wie ich dazu stehen soll. Ich kenne so viele Leute aus meinem Vorort in Mannheim, die alle in der Kirche sind, von denen ich aber behaupte, daß alle keine Ahnung haben, was Gott eigentlich ist. Weißt du, die leiern ihre Rosenkränze runter, die kriegen einmal pro Woche ihren Spruch aus der Bibel, wohlausgesucht. Das ist alles nichts, da wird nicht Gott *gespürt*.
Und ich hab nie Gott gespürt in der ganzen Zeit, in der ich in die Kirche gegangen bin. Ich hab wohl immer Ehrfurcht gehabt vor dem ausgebreiteten Jesus da vorne, Gott sei Dank. Wenn ich das auch so verachtet hätte, wie das viele andere tun, dann wäre vielleicht auch Gott ausgewesen bei mir. Und das muß ich der Kirche ankreiden.

Würdest du sagen, daß dir deine Distanz zur Kirche erst zu Gott geholfen hat?

Die Distanz ist automatisch gekommen, ich wollte davon gar nichts mehr wissen. Ich habe immer nur mal sporadisch in der Kirche gesungen... Die Änderung kam von '92 auf '93 ganz krass. Da hab ich Zivildienst gemacht, Behindertenfahrdienst. Silvester, als ich von zehn bis zwei Uhr keine Fahrt gehabt habe, hab ich mich halt hingesetzt, Bob Marley gehört und in der Bibel gelesen. Ich hatte so 'ne Kerze mit der Jahreszahl drauf, hab die Bibel auf der Seite aufgeschlagen – das waren die letzten Worte des zweiten Petrusbriefes – und dann weitergelesen bis weit in die Offenbarung hinein. Und da war mein Leben auf einmal verändert – seit dem Tag denke ich an nichts anderes mehr als an diese Sache.

Das war einfach so: Du hast 'n bißchen gelesen und dann gemerkt, daß...
Das kann immer nur komisch klingen, wenn ich jetzt ins Detail gehen würde über diesen Abend oder über die folgenden Jahre ...
Ich kann nur sagen: Andere würden behaupten, sie sind erleuchtet worden – das ist mir alles viel zu groß. Ich will nicht sagen, daß mir Gott begegnet ist, ich kann nur sagen, ich hab den zweiten Petrusbrief gelesen und gemerkt, daß der Typ mit mir spricht. Fertig. Und wenn der Typ mit mir spricht, dann muß an der Sache auch was dran sein. Und ich habe dann weitergelesen und habe dann so viel Zeug entdeckt, von dem ich sagen muß: Das haben die alle mir immer verschwiegen!
In all den Jahren, in denen ich in die Kirche gegangen bin, ist mir nie erzählt worden, daß der Johannes eine Offenbarung geschrieben hat, die so kraß ist, daß es dir die Schuhe auszieht. Das Ende wird immer in die Zukunft geschoben, eigentlich sogar in eine andere Dimension. Aber wenn nur ein bißchen von dem, was ich glaube, wahr ist, dann ist eigentlich alles wahr, und dann müssen die Zeichen, die jetzt eingetreten sind, auch wahr sein. Ich meine: Kriege in aller Welt waren schon immer, und Erdbeben, Überschwemmungen waren schon immer – aber: In der Bibel steht, daß wir davon wissen! Daß man davon hört. Und das war halt

noch nie so. Und jetzt kannst du mit Sicherheit sagen: Egal, wo ein Krieg ist – du weißt davon, wenn du dich nur ein bißchen dafür interessierst. Und sobald die Zeiten angebrochen sind – so steht es in der Bibel –, wird diese Generation auch das Kommen einer neuen Zeit sehen. Unsere Generation wird das sehen, wir sind in den letzten Tagen!

Wie würdest du Gott beschreiben – glaubst du an einen personalen Gott?
Wenn man gewisse Sachen in der Bibel liest, dann muß man schon davon ausgehen. Wenn Gott lebendig ist, dann muß sich das schon irgendwie in unserem Lebendigsein äußern. Ich hab Gott sei Dank so 'ne kindliche Ansicht von vielen Sachen und hab mich da auch nie verrohen lassen. Wenn ich in der Bibel lese, daß am Ende dieser Zeit dann Gott mit uns leben wird, dann denke ich halt nicht, daß wir dann alle tot sind, Geisteswesen und so, sondern für mich muß es dann eigentlich klappen, so wie wir jetzt hier sitzen. Es muß uns gelingen, einfach nicht mehr zu sterben. Fertig. Wir müssen halt so fest daran glauben können, daß das nicht mehr das Thema ist. Warum muß ich sterben, um in den Himmel zu kommen? Das ist eigentlich nirgends irgendwie dargelegt. Also, warum sollen diese Zustände nicht jetzt auch eintreten können, wenn wir uns dementsprechend verhalten? Nicht mehr den Sonntag heiligen, zum Beispiel.

Tust du das?
Den Sabbat sozusagen? Eigentlich nicht, aber es ist halt auch immer ein bißchen schwer bei meinem Job – ich singe halt. Ich kann noch nicht mal sagen, was davon ausgeht, aber ich denk halt, das kann's nicht sein, daß der ganze Planet denkt, daß der Sonntag der Tag ist, an dem wir Gott preisen sollen. Denn es ist eigentlich ja immer noch der Sabbat. Auf diesen Konzilien in Nizäa haben die das ja umentschieden, glaube ich. Das sind so Sachen, die würde ich halt gerne ansprechen.

In „20.000 Meilen über dem Meer" besingst du ja so ein himmlisches Szenario. Was bedeutet „Himmel" denn konkret für dich?

Also „Himmel" bedeutet für mich konkret: Ich als gläubiger Mensch kann nicht rumlaufen und sagen: „Hier, in New York, da müßt ihr aufpassen, daß es da keine Obdachlosen mehr gibt, in Hongkong dürfen keine Käfigmenschen mehr leben...", sondern ich muß halt in meinem kleinen Mikrokosmos – also Mannheim –, da muß ich es schaffen, daß all das, was ich so scheiße finde, so nicht mehr passiert. Jemand wie Michael Schumacher müßte nach meinem System halt dafür sorgen, daß es in Kerpen und Umgebung weder Arbeitslosigkeit noch Obdachlosigkeit gibt. Und erst dann kannst du rumzeigen auf andere.

Ich bin mir sicher: Ein Land wie Deutschland hat's eigentlich voll in der Hand, Himmel zu sein. Denn wir werden hier weder Kriege haben noch irgendwas anderes. Keine Erdbeben, keine großen Überschwemmungen. Wir werden auf jeden Fall immer Wasser haben. Und ich denke mir, wenn diese ganzen Begebenheiten, die sich gerade rund um den Globus ereignen, wenn jemand da mit offenen Augen zuguckt, dann muß er sich eigentlich klar sein: Ja, es ist soweit!

Ich bin keiner, der sagt: „Die Welt geht jetzt unter", sondern ich bin einer, der sagt: „Die Welt wird sich abartig verändern." Es kann ja sofort passieren: Ein Erdbeben in Tokio, und das Geld ist raus. Und Geld hat überhaupt keine Bedeutung mehr. Und eigentlich war das auch so geplant.

Wir müssen eben wirklich radikalst umdenken, gar nicht umweltmäßig, sondern vielmehr „gottmäßig". Gott ist halt einfach die Nummer Eins, und er muß bei jedem die Nummer Eins sein, dann haben wir alle keine Probleme.

Ich habe teilweise Schwierigkeiten mit diesem alttestamentlichen Gott, der zürnt, sich Priester opfern läßt...

Auch die endzeitlichen Sachen, die im Alten Testament stehen – wer sagt denn, daß die raus sind, daß das nicht mehr gilt? Was Jo-

hannes geschrieben hat, hat er ja auch mehr oder weniger da her. Wenn du Jesaja liest oder Jeremia: Ich meine, was für einen Gott erwarten wir denn? Ich bin mir sicher, daß das in erster Linie gar nicht so toll wird, sondern krass! Das ist 'ne seelische Aufreibung... Wir sind ja zugeschüttet worden mit Lügen, während wir aufgewachsen sind. Wir würden ja so aus unserem Ding gerissen werden, wenn wir wirklich mal mit Gott konfrontiert wären!
Was mich halt an der Sache am meisten stört: Wie soll man das alles unter einen Hut kriegen, wenn das wirklich so kurz vor einem ist? Persönlich z.B. habe ich mit Afrika abgeschlossen. Ich kann mir nicht vorstellen – außer 'n paar Staaten vielleicht –, daß Afrika mit all den Menschen dort am Leben erhalten werden kann. Weil sich die anderen Länder einfach zu wenig drum kümmern. Also mit fünf Milliarden, da bin ich mir sicher, werden wir nicht in die Zukunft gehen. Im Moment sehe ich's halt vielmehr, daß sich die ganzen Seelen versammelt haben, die je gelebt haben auf dem Planeten, und nun gerichtet werden. Und diejenigen, die halt sterben – wenn man unter denen ist, dann hat man halt Pech gehabt.

So eine Hochwasserkatastrophe wie in China – ist das Handeln Gottes?
Das ist der Planet, der einfach außer Rand und Band ist. Wir treiben es ja auch auf die Spitze. Ich bin auch keiner, der daran glaubt, daß wir den Planeten zugrunde richten können, aber ich denke einfach: Wir stehen so kurz vor diesem großen Ding, und alle scheißen sich in die Hose, sogar die Erde. Uns steht etwas bevor, das können wir gar nicht auch nur einigermaßen kapieren.
Wir machen immer mal wieder Filme darüber, „Armageddon" und so. Ich meine, ich find's mutig, daß da irgend jemand gesagt hat: Wir machen jetzt mal 'n Film, „Armageddon", und wir machen da mal unsere eigene Interpretation... Für mich ist schon das Wort so heilig, das würde ich nicht mal richtig aussprechen, und jetzt kann's jeder Pisser von der Straße runterlabern! Ich will nicht wissen, was wir damit eigentlich tun...

Weil keiner weiß, was es eigentlich bedeutet?
Ja. In „Man erntet, was man sät" sage ich, daß kein Wort mehr heilig ist und jedes benutzt wird. Und für mich bewirkt jedes Wort etwas. Und wenn du durch 'ne Stadt läufst und an jeder Ecke ein Wort oder ein Buchstabe steht, dann bin ich mir sicher, daß das eben einen gewissen Taumel hervorruft. Wir benutzen Sachen und machen Dinge, von denen wir überhaupt keinen Plan mehr haben.

Was sind denn für dich persönlich die Konsequenzen daraus?
Also meine Konsequenz ist, daß ich hinter allem Gott vermute oder fast schon ersehne. Ich hab einfach Angst vor Gott, und ich bin leider noch nicht der Mensch, der ich in dieser Hinsicht gerne wäre: Wie soll ich sagen – sich einfach Gott überlassen...
Aber auf der anderen Seite kannst du dich nicht einfach Gott überlassen wie im Kloster und einfach sitzen und Däumchen drehen. Ich mein', wenn du Bücher der Weisheitsliteratur liest, z.B. die Weisheit Jesus Sirach, dann merkst du halt, mit was für offenen Augen du eigentlich durch das Leben gehen müßtest, um so weit zu kommen. Da ist mir in dem Moment auch aufgefallen, daß ich eigentlich immer nur geträumt habe. Ich habe halt nie irgendwelche Systeme verfolgt, was uns als Kind hier in 'nem westlichen Land natürlich aufgedrückt wird, und ich hab mich immer nur durchgemogelt. Und bin dadurch halt auch frei von irgendwelchen aufgedrückten Sachen. Ich habe nie ein Buch fertiggelesen, habe halt eigentlich nie 'n Buch gelesen außer irgendwelchen Sachbüchern, und hab dann eben die Bibel gelesen, aber auch nicht ganz, sondern einzelne Bücher. Und muß halt sagen, daß es darüber hinaus für mich nichts Wichtigeres gegeben hat, als daß ich das gemacht habe.

Und hat das auch Einfluß auf dein konkretes Schaffen als Künstler, als Musiker? Neben deiner sehr religiös engagierten Platte machst du ja auch bei anderen Projekten mit, z.B. bei Illmatic, der inhaltlich was ganz anderes macht.

Das ist auf der anderen Seite auch „nur" Musik. Ich muß jetzt nicht für alles verantwortlich sein. Ein anständiger Christ kann sagen: „Wenn du an Gott glaubst, dann mußt du auch dazu stehen, dann mußt du es auch laut sagen!" Ich muß es jetzt halt im Kehrschluß fertigkriegen, daß jeder, der mich hört, egal wer, weiß: „Der Typ glaubt an Gott!" Das war eigentlich mein Plan; daß ich vielleicht meine Musik davon freilassen kann und auch Leute gewinnen kann, die eigentlich nichts damit am Hut haben. Mir sind im Moment die viel wichtiger, die nicht an Gott glauben. Da setze ich an. Ich habe die Möglichkeit, daß Leute meine Platte kaufen, die sich überhaupt nicht für Gott interessieren. Und darüber, daß sie sich für meine Person interessieren, kann ich denen dann sagen: „Hey, ich glaube an Gott, das ist das Wichtigste in meinem Leben. Alles, was ich habe, habe ich deswegen."

Eins deiner Lieder heißt „Ernten, was man sät" – glaubst du an das Jüngste Gericht?
Absolut! Ich glaub sogar, daß es in vollem Gange ist. Und es kann sogar gut sein, daß schon seit hundert Jahren der Himmel entsteht und wir es immer noch nicht kapiert haben, immer noch nicht so richtig aufgewacht sind. Und wir haben alle – alle! – Voraussetzungen. Ich meine, wenn in der Bibel steht, daß die Berge weichen sollen, dann haben sie das schon getan, denn die Alpen existieren nicht mehr, du kriegst immer 'ne Straße, die dich rüberbringt. Diese Sachen sind alle gefallen. Du kommst von A nach B auf einem Luftkissen, das vor deiner Haustür steht. Du gehst zwei, drei Meter nach nebenan, da steht ein Automat und kühlt dein Essen. Ich mein', bitte, zeig das mal Jesaja vor zwei-, drei-, vier-, fünftausend Jahren... Oder vielleicht hat er das gesehen – was beschreibt denn so einer?
Für mich ist das wahre Israel, das Heilige Land, nicht der Staat Israel, für mich ist das hier. Es ist für mich halt diese geistige Verbindung, die dieses Volk Gottes halt haben soll. Die seine Gesetze im Herzen haben und so, daran orientiere ich mich.

Es gibt diesbezüglich ja die verschiedensten Erwartungen: Die Evangelisten haben ja auch damit gerechnet, die Wiederkunft Jesu noch selbst zu erleben. Dadurch, daß er bislang nie gekommen ist, haben dann viele gesagt: „Gut, dann stimmt das also so nicht, und dann müssen wir eben nach den Grundwahrheiten suchen, die eben heute noch Bestand haben, und anderes können wir streichen."

Naja, ich kann halt nur sagen, daß wir jetzt auf die Zeit zurückblicken können. Jemand wie Jesaja kann dir genauso nahe sein, als wenn das vor einem Jahr geschrieben wurde – egal, wann das geschrieben wurde, er hat da was geschrieben, was ich jetzt wiederfinde. In dem Moment kommt mir das so vor, als wenn er das nur für mich geschrieben hätte.

Zeit ist der größte Bullshit, den es überhaupt gibt. Wir limitieren uns selbst. Wie können wir den Tag einteilen? Das geht doch nicht! Wir haben jetzt die ganze Welt in verschiedene Zeitzonen eingeteilt und raffen eigentlich gar nicht, daß das nicht geht.

Die Menschheit hat also ihre Grenzen überschritten und dadurch...
Ich weiß nicht, ob wir überhaupt Grenzen haben... Ich mein', du hast Gott als deine Grenze! Wenn wir's von Anfang an richtig gemacht hätten, hätten wir keine Grenzen – was ich in „20.000 Meilen" eben auch sage. Da will ich aufzeigen, daß der Glaube Berge versetzen kann. Und ich rede eigentlich oft davon, daß ich nicht mehr sterben will. Wenn ich an Jesus glaube, dann muß ich doch auch glauben, daß er den Tod besiegt hat. Aber warum verrecken wir dann alle? In der Bibel steht: „Der Tod ist nur ein Schatten." Der Schatten des Todes – er ist nicht mal greifbar. Trotzdem verrecken wir alle! Weil's so tief in uns drinsitzt.

Wie verstehst du denn dann Auferstehung? Oder Auferweckung?
Also, ich glaub', 'ne Auferweckung in der heutigen Zeit ist was ganz anderes. Im Moment ist Auferweckung, zu raffen, daß du halt von Gott bist. Und wenn du dazu aufwachen kannst, dann bist du echt gesegnet.

Und Auferstehung – ich weiß nicht, hoffentlich steht uns keine Auferstehung mehr bevor in dem Sinne. Dann müßten wir ja auch sterben... Entweder habe ich das immer falsch verstanden oder da ist halt was schiefgelaufen, aber: Jesus hat den Tod besiegt! Vor zweitausend Jahren. Warum muß ich dann noch sterben, warum?

Tja, das mußten ja in diesen zweitausend Jahren nun viele...
Weil sich keiner dagegen gewehrt hat oder was weiß ich. Aber eigentlich sagt Gott, es gibt keinen Tod! Der Tod ist nicht von Gott. Der kommt vom Teufel, und ich hab keinen Bock auf den Teufel. Und ich würd' ihn gerne unter all den wandelnden Personen rausdeuten. Ich bin mir sicher, daß das ein Mensch aus Fleisch und Blut ist. Das sind so Sachen, da stehst du da wie so'n kleiner Depp, wenn du erzählst: ‚Ja, ich bin mir sicher, daß es den Teufel gibt, und ich bin mir sicher, daß er sich auch neben dich hinsetzen kann, wenn er Bock hat.' Mit solchen Aussagen mußt du eigentlich immer haushalten, denn da kommst du wie so'n krasser Science-Fiction-Film. Aber das Krasse ist, daß es der Teufel eben auch so weit hingekriegt hat, daß sie mit jedem Scheiß ins Bett kriechen vor Angst, aber wenn's dann wirklich drauf ankommt, wenn dann in der Bibel Sachen beschrieben werden, die wirklich krass sind, dann glaubt's kein Mensch. Der hat die Menschheit so weit hinbekommen, daß sie an UFOs glauben und was weiß ich. Also ja alle ablenken von Gott. Und darauf habe ich keinen Bock.

In „Nicht von dieser Welt" beschreibst du ja die Liebe Gottes. Das Video dazu wurde in Sri Lanka, also in hinduistischer oder buddhistischer Umgebung gedreht. Ich habe den Clip daraufhin so gedeutet, daß es da um eine göttliche Grundwahrheit geht, die sich in verschiedenen Religionen findet. Daß es da auch um eine gewisse Gleichwertigkeit geht.
Ich ertappe mich immer wieder dabei zu sagen: „Ja, vielleicht haben wir alle irgendwie 'ne kleine Wahrheit." Auf der anderen Seite liest du dann von Gott, daß er dieses Ganze nicht gut findet –

Verehrung von Dingen, Tieren oder Holz usw. Wie kann er sich denn dann Leuten offenbart haben, die später dazu übergegangen sind, irgendwelche Glocken zu fertigen – ich meine, unsere Leute ja auch: die beten Heilige an! Das darf auch nicht passieren. Es gibt kein Bildnis, das du da anbeten kannst.

Und von daher: Ich geh halt von der Bibel aus und hoffe einfach, daß ich damit gut genug fahren kann. Wenn ich die Bibel lese, passiert sowieso immer noch so viel außen herum, aber schon allein was in der Bibel passiert, oder was ich lese, ist in den letzten Tagen sowieso schon passiert und hat mich aufgewirbelt. Deswegen glaube ich dem Buch halt so kraß, auch wenn mir andere sagen: „Da sind nur dreißig Prozent rübertransportiert, was überhaupt wahr sein könnte" – das sagen mir Moslems, und im Endeffekt müßten die Moslems ja dann das wahre Buch haben. Aber auch da habe ich wieder Angst. Ich bin eigentlich voll der Schisser; ich hab jetzt irgendwann mal zur Bibel gefunden, und die hat mich so krass geschickt, daß ich jetzt einfach glauben *muß*, daß es das halt ist. Und ich kann mich da nicht verwaschen, obwohl ich merke, daß ich schon vieles andere noch mit reingenommen hab. Aber deswegen brauche ich halt auch den Austausch mit anderen Leuten.

Deutet der „Nicht von dieser Welt!"-Clip dann nicht ein bißchen in eine falsche Richtung?
Nöö, eigentlich könntest du es ja auch so sehen, daß ich da stehe und singe: „... nicht von *dieser* Welt", nicht von diesem Land dort. Aber letzten Endes hättest du das überall drehen können. Egal, wohin ich komm', ich find' die Welt immer scheiße. Da gibt's überall Ansatzpunkte. Das ist ja auch so ein gewisses Hinwegsetzen über alles, zu sagen: „Ja, hier, wir sitzen auf der Wahrheit", aber ich gehe halt sogar davon aus, daß Deutschland der richtige Ort ist. Richtig Deutschland, herausgelesen aus der Bibel. Das ginge jetzt viel zu sehr ins Detail, aber warum soll nicht Deutschland das Gelobte Land sein? Es ist eigentlich der beste Ort dafür, weil...

Die Deutschen haben so 'ne Haltung angenommen, 'ne gewisse Duck-Haltung, die überhaupt nicht mehr angebracht ist. Ich meine, es gibt kein Land der Welt, das Lichterketten für irgendwas gemacht hätte. Also Frankreich, da sind auch Asylantenheime hochgegangen, und es hat kein Schwein gejuckt, eigentlich... Schon, aber nicht so wie bei uns. Und – wo waren wir jetzt; Sri Lanka und...?

Bei dem Video-Clip, den ich auf eine Gemeinsamkeit einer göttlichen Grundidee hin interpretiert hatte.
Letzten Endes haben wir das auch gemacht, weil die Leute mir da ähnlich sehen und weil's eben ein gewisser Reiz ist, da deutsch zu singen und zu gucken, was passiert. Wir haben da ja gnadenlos gedreht, wir haben was gesehen und sind ausgestiegen. Wir haben nicht mal die Leute angesprochen, die sind einfach stehengeblieben und haben geguckt. Das ist anscheinend in Sri Lanka so: Die wollen weder wissen, wer du bist, noch, was du tust, die wollen einfach dabeisein.

Glaubst du an die Bibel im wörtlichen Sinne? Ich denke da etwa an verschiedene Aussagen von Paulus über Frauen, über das Judentum... Z.B.: „Das Weib schweige in der Gemeinde"?
Ich weiß es nicht, man kommt da logischerweise immer als Macho rüber...

Die katholische Kirche hat dann ja einerseits mit dem Marienkult eine einzige herausgehobene Frau, andere dürfen nicht das Priesteramt bekleiden.
Wie gesagt, ich sehe halt unsere Zeit auch als so eine extreme Sonderzeit, daß es da schwer ist... Sagen wir mal so: Ich hätte damit kein Problem, da jetzt nur mit Männern drüber zu sprechen. Sage ich ganz ehrlich. Wie soll ich sagen; ich hab noch nicht viele Frauen getroffen, die sich ernsthaft mit mir über die Sache unterhalten haben. Bei Frauen sind ein paar Sachen ganz offenliegend, z.B.

dieses Hetzen. Ich kenn' das halt nicht, ich kenn' das nur von Frauen. Irgendwas muß da schon dran sein an der Geschichte mit dem Apfel. Ob das nun ein Apfel war oder das 'ne Art und Weise ist, die Frauen halt haben... Oder vielleicht ist 'ne Frau für den Mann einfach auch nur zu aufreizend, um mit ihr über Religion zu reden, weil die Typen da immer nur auf die Schellen gucken. Kann ja sein...
Ich find' aber halt auch wirklich, daß eine Frau – und das sage ich mit aller Hochachtung, die ich nur haben kann – wirklich, „am besten aufgehoben" hört sich so blöd an, aber ich glaub, den besten Job machst du halt wirklich, wenn du Kinder erziehst. Oder von mir aus: Ein Haus zu halten oder zu führen ist so ein Riesending! Ich meine, du stellst da ja schließlich Leute in die Welt irgendwann, die dein Haus repräsentieren, die deine Familie repräsentieren, und wenn da geschludert wird, dann hast du Bullshit, dann versiegt dein Stammbaum einfach in Dummheit und Blödheit, weil du deine Kinder nicht richtig großgezogen hast. Und ich hab keine Brust, an der ich meine Kinder ernähren kann, und ich werde auch mit Sicherheit nie die Weichheit und Wärme geben können, wie das eine Frau kann. Ich bin jetzt vielleicht einer der wenigen Männer, die keinen Bartwuchs haben, aber ich kann doch nicht ein Kind stillen... Lauter solche Vorgaben; die Brust an sich, die ist für'n Baby gemacht. Solche Vorgaben eben, die eine Frau dazu prädestinieren, Liebe zu geben in einer Familie. Guck dir mal im Islam an, was für 'ne Hochachtung die Frau im Endeffekt dann auch hat, im Alter. Wo's gerade hier dann anfängt zu kriseln. Wenn's ans Alter geht, dann geht's hier im Westlichen nämlich schnell aufs Abstellgleis. Und das gibt's da eben nicht. Da haben die Männer im Haus sowieso nichts zu melden. Und wir gucken da viel zu oberflächlich.
Aber, wie gesagt, ich lasse mir gern was erzählen von 'ner Frau, auf jeden Fall!

Du verwendest in deinen Texten ja sehr viele biblische Zitate, Symbole und Metaphern. Glaubst du, daß den Menschen im säkularisierten, ausgehenden 20. Jahrhundert eine solche sinnliche Ebene fehlt, sich auszudrücken und zu empfinden?

Bestimmt. Also wenn irgend etwas auf der Strecke geblieben ist, dann das. Ich bin mir sicher, daß unser Geruchssinn mal ein besserer war. All die Sachen. Aber wir haben jetzt andere Dinge, oder: wir können jetzt andere Dinge benutzen. Dafür haben wir mehr fürs Ohr. Wir haben halt andere Möglichkeiten, aber eben nicht die Zeit, die Muße oder auch den Mut. Du mußt auch den Mut haben zu sagen: „Ich nehme mir die Zeit!" Die meisten haben eben einfach Existenzangst und sagen: „Ich muß jetzt den Job machen, damit Kohle reinkommt!"

Du singst ja auch „Freisein" auf deinem Album in neuer Version. Das Lied hatte ich erst verstanden als Absage an einen personalen Gott oder an eine Bindung überhaupt. Gerade als Absage an jemanden, der die Erde lenkt, den Winden Einhalt gebieten kann – was ja deinen Ausführungen eben doch widersprechen würde, oder?

Den Titel hat ja Sabrina geschrieben, und ich hab eigentlich genau die gleichen Befürchtungen gehabt. Aber du kannst es ja eigentlich drehen, wie du willst. Also: *Irgend*einer ist es nicht! Es ist nicht irgend jemand, der dem Wind Einhalt gebietet, sondern es wird immer *ein und derselbe* gewesen sein.

Für mich ist halt Freisein einfach vielmehr Freisein von diesen ganzen Ketten, in denen wir jetzt sind; so hat Gott uns nicht geschaffen. Bestimmt sollten wir es nicht leicht haben, aber was jetzt passiert... Für das, was ich aus der Bibel herauslese, ist das, was wir machen, uns das gefallen zu lassen, eigentlich fast schon die größere Sünde. Aber auf der anderen Seite steht natürlich auch: „Gib dem Kaiser, was des Kaisers ist!"

Was wäre denn in deinen Augen die logische Konsequenz, sein Leben zu ändern?

Ich weiß nicht, was für Leute da auftreten müssen, die was ändern können. Vielleicht kann ich ein bißchen Seelen-Vorarbeit leisten – ich würd auch gerne auftreten als, was weiß ich, Ankläger oder so, aber wer hört schon auf einen dunkelhäutigen Mannheimer, der jetzt musikmäßig ein bißchen Erfolg hat?

Wenn man so um sich rumguckt, dann denkt man echt immer: „Ach, du kannst die Leute nicht mehr ändern"; ich glaub' einfach, daß die alle sterben, gemütlich, friedlich, an das glaubend, was sie glauben wollen. So verstehe ich auch: „Deine Feinde, die mir zu Füßen gelegt werden"; daß die dann einfach sterben, eben nicht mehr da sind. Daß du aufwachst eines Morgens und die ganzen Regeln halt nicht mehr sind.

Also du glaubst: Die Chance ist jetzt da ...

Die Chance ist jetzt auf jeden Fall da, Leute darauf aufmerksam zu machen, daß was kommt, und dann eben 'ne Familie zu sein, die darauf wartet. Oder wenn wir's selbst einläuten müssen, dann müssen wir's halt machen, aber wir müssen's halt *tun*. Wenn's daran liegt, daß wir uns zusammenfinden, nur an einem Tag im Sommer, und einmal zusammen beten, und dann ist es geritzt – dann laßt uns das bitte tun! Und wenn wir nur fünfundzwanzig Leute auf dem ganzen Planeten sein müssen, kein Mensch weiß es, aber wir können nicht mehr so rumsitzen!

Ich mein', ich bin mir sicher, daß in jeder Stadt irgendeiner hockt, der irgendwas ahnt. Ich weiß nicht, ob du auch einer davon bist, aber ich konnte vor fünf, sechs Jahren nicht mehr innehalten, ich hab gemerkt: „Was geht 'n da ab um mich herum?" Ich hab echt gedacht, ich bin von irgend'nem Sondereinsatzkommando aus dem Weltall geschickt, um hier auf Planet Erde irgendwie zu gucken, daß es noch mal klappt. So war ich damals drauf, bis ich dann in diesem Jahr Silvester in der Bibel gelesen hab, da hat sich das für mich alles geklärt. Aber davor bin ich echt, langsam ist in

mir so'n Ding aufgekommen, dieses – wann war denn das? '92, da ist mein Vater auch gestorben, und dann hab ich mir echt voll die Gedanken gemacht. Und das ist vielleicht alles, was Gott braucht. Irgendwie zu sehen: Der Typ sucht.
Du kannst halt auch keinem einen Vorwurf machen, wenn er nicht an Gott glaubt, dann ist halt was schiefgelaufen oder wie auch immer...
Man kann immer wieder hingehen und sagen: „Es gibt keinen Gott." Deswegen bin ich auch davon abgekommen, Leute bekehren zu wollen. Sondern: „Wer Ohren hat, der höre!" Ich meine: Wer in dieser Zeit wirklich nicht kapiert, daß was im Gange ist, dem ist nicht zu helfen!

Gerade Musiker und Künstler haben ja im Prinzip eine Riesenbühne und können viele Leute erreichen, aber nur wenige nutzen das wirklich. Denkst du dann: Man muß doch merken, daß sich Leute Gedanken machen, das muß man auch in der Musik merken?
Musik ist logischerweise sowieso ein Riesenschlüssel. Ich glaube, wenn überhaupt was passieren kann, dann ist es sowieso über Musik. Denn jeder hört Musik. Nicht jeder ist z.B. an Kunst interessiert.
Ich bin halt kein Mensch, der jetzt Partymusik machen könnte. Das käme halt nicht in Frage bei mir. Aber auf der anderen Seite muß es auch Leute geben, die die Menschen zum Tanzen bringen, deswegen weiß ich halt nicht, wie man das jetzt sehen soll. Logischerweise könnten halt Leute wie Michael Jackson ganz andere Sachen klarmachen, als was sie halt tun. Aber wäre Michael Jackson der Richtige, um das zu tun? (lacht)

"Kein Wort ist mehr heilig", beklagst du in „Ernten, was man sät". Diese Entwicklung in der Sprache findet sich ja auch in vielen 3p-Veröffentlichungen.
Gerade dieses „Zunge im Zaum halten" ist bei 3p ziemlich fehlgeschlagen, würde ich sagen. Aber es geht eben auch um diese Zeit.

Und dann liest du bei Hesekiel und denkst: „Ja, ich muß alles tun, damit die Leute mich hören", und ich weiß nicht, ob Moses Pelham jetzt ein Label hätte, das gehört wird, wenn alles andere nicht vorausgegangen wäre.
Und wenn in der Offenbarung was von „Auserwählten" steht und „Kriegern" – was werden das für Menschen sein? Sind die durch die Hölle gegangen, haben die den Leuten zuvor aufs Maul gehauen? Oder sind das Priester, Mönche, die dann auf einmal aggressiv werden? Was sind das für Leute? Und ich bin nun einmal damit konfrontiert, ich muß das, was ich da lese, mit unserer heutigen Zeit gleichsetzen. Und von daher, da kriegst du Angstzustände und Freudenausbrüche zugleich.

Ist die Apokalypse für dich ein wichtigeres Buch als die Evangelien?
Also ich hab beides gelesen. Und wenn Gott 'n Plan hat, und den hat er mit Sicherheit, dann ist das alles so, wie das da dasteht. Und wenn da nur dreißig Prozent Wahrheit dran sind, dann haben sie in unserer Zeit da so dran rumgefummelt und da so dran rumgeschrieben, daß du das so liest, wie du's lesen sollst. Ich mein', Gott läßt sich doch nicht austricksen. Wo kämen wir denn da hin – wenn jetzt Kinder geboren wurden irgendwann, die das klarmachen sollen – und davon gehe ich einfach aus, daß unsere Generation es klarmacht –, dann werden die schon richtig informiert werden. Auf 'ne ganz andere Weise, als der Satan es gerne hätte. Denn ich merk schon: der Kampf ist da!
Jedes Land der Welt kämpft gegen Drogen – warum? Warum ist in jedem Land der Welt ein Kampf gegen Drogen ausgebrochen? Weil das alle Systeme sprengt. Weil Leute am Ende überlegen und sich Gedanken machen. Ich mein', viele gehen zugrunde, aber das ist auch gut, es gibt so viele Wahrheiten, die versteckt sind, die sollen gar nicht rausgetragen werden. Aber ich bin mir sicher, daß der Teufel zittert in seiner Kajüte – egal, wo er gerade ist, weil er weiß: Da sind jetzt ein paar Leutchen da draußen, die werden mir die Hölle schon heißmachen. Ich wäre echt gern einer davon! Ich

bin mir auch sicher, daß wir schon so Leute unter uns haben, die wissentlich oder unwissentlich da schon Feuer schüren, egal für welche Seite. Das ist schon krass. Das ist 1998.

Würdest du demnach sagen, daß Drogen gut sind?
Nö, ich will nicht sagen, daß sie gut sind. Die können dich trotzdem in die Hölle schicken. Ich bin mir nur sicher, daß Gott sich nicht da finden lassen wird, wo die Kirche das vermutet. Z.B. habe ich gehört, daß Nick Cave Speed-Junkie war und daß der halt so 'ne komische Beziehung zu Jesus und zu Gott hat. Und dann denk ich mir: Wenn das so ein Mensch geworden ist, der jetzt so was sagt, warum soll so ein Mensch verteufelt werden?
Ich hab in einer Disco gearbeitet, und als ich mich dann mit verschiedensten Leuten unterhalten habe, habe ich gedacht: „Mensch, der Typ war sechs Jahre lang Junkie und erzählt mir jetzt, daß mir die Lade runterfällt." Paßt mal auf, wo Gott am Ende wirklich ist; ob die Letzten nicht am Ende wirklich die Ersten sind...

Die klassische Frage: Wie kann Gott, wenn er gleichzeitig allmächtig und gütig ist, die Leiden zulassen? Würdest du da sagen: Vieles ist einfach so – es ist die Erde, und das passiert einfach?
Naja, ich meine, wir halten ja auch keine einzige Regel ein. Laß uns doch mal einen Tag alle Regeln einhalten, und dann gucken wir mal, wie Gott sich verhält. So einfach ist das. *So einfach ist das.*
Ich mach' nicht Gott dafür verantwortlich, sondern den Teufel. Ich muß halt gegen den Teufel kämpfen, und Gott hilft mir im Endeffekt dabei. Aber das Böse ist nicht von Gott! Wenn mein kleiner Sohn – den ich noch nicht habe – irgendwann vom Auto überfahren wird, dann würde ich da niemals Gott für verantwortlich machen, sondern da würde ich dann hoffen, daß Gott sich um ihn kümmert auf irgend 'ne Art und Weise.

Also würdest du ihn auch nicht dafür verantwortlich machen, daß er ihn nicht gerettet hat?
Nö, *ich* hätte ihn ja retten können. Wenn mein Sohn überfahren wird, dann ist es schon auch irgendwie meine Schuld. Ich kann doch nicht Gott dafür verantwortlich machen! Wir haben so viel Scheiße am Hacken und wollen Gott dafür verantwortlich machen. Das geht nicht.
Ich denke, wir haben alle Schlüssel. Wir haben bestimmt alle Möglichkeiten und sind einfach so ungläubig und klein. Geworden mit Sicherheit auch, und sind auch so erzogen worden. Ich glaub' nicht, daß da so viel Chancen sind, Freiräume zu ergründen in deiner Seele. Überhaupt einen Bezug zu deiner Seele zu finden. Über die billigen Märchen, die wir erzählt bekommen, ist das bestimmt nicht möglich.

Welche Konsequenzen hat das – was macht man dann?
Ich werde weiterhin darüber sprechen, keine Angst haben. Ich bin halt immer im Zwiespalt mit Gott, logischerweise, weil ich immer denke: „Wie weit kann ich gehen? Kann ich das kommerziell machen, kann ich damit Geld verdienen, indem ich über dich spreche?" Aber andererseits sagt Gott ja auch: „Du sollst aus deinen Talenten Geld machen." Ich verstehe das Gleichnis da schon so, daß wenn die drei Leute da Taler kriegen und was draus machen sollen, daß das die Talente sind. Ich glaub', die Währung heißt in der Bibel sogar Talente. Und wenn ich dann am Ende sag: Ich hab auf meinen Talenten gesessen, hab nichts richtig und nichts falsch gemacht, ich hab einfach mein Ding gemacht... Was weiß ich, vielleicht geht's so ab, daß er sagt, hier, wir brauchen sechzig, siebzig Milliarden, und dann können wir das klarmachen hier auf dem Planeten, vielleicht kommt der wiederkehrende Jesus und sagt das, und dann steh ich da mit meinen Talenten und sage: „Ja okay, dann fang ich da mal an ..." Hey, das kann nicht sein! Ich mein', Puff Daddy steht dann in einem guten Licht, weil der dann – ohne

irgendwelche Schmerzen zu haben – zweihundert Millionen abdrücken kann. Und das würd' ich dann auch gerne machen.
Ich würde gerne viel, viel Geld haben und damit was erreichen. Und dieses Geld nicht zu der Nummer Eins machen, wie es meistens dann passiert. Und so kannst du bestimmt auch Systeme brechen, indem andere Firmen sehen, wenn du ein großer Konzern bist und hast vielleicht ein offenes Konto für alle Mitarbeiter, was weiß ich, dann sehen die: „Oh, Scheiße, da kommen wir in Zugzwang." Irgendsowas, das Schule macht...

The King

„Fröhliche Totenmessen"

Für viele seiner Fans ist Elvis Presley ein Idol, das mit geradezu religiöser Inbrunst verehrt wird.

Ich habe kein Problem damit, er trägt den richtigen Titel: „King of Rock'n'Roll". Er war der allererste wirklich große Star, und er hat das Gesicht der Musik so nachhaltig verändert wie kein anderer. Rock'n'Roll ist wie eine Dynamitstange, und Elvis Presley hat die Lunte gezündet und die große Explosion ausgelöst. Du wärst überrascht, wie viele Rockstars ihn bewundern; Leute wie Bruce Springsteen, Bob Dylan, Meat Loaf, U2, Leute aller Musikrichtungen.
Und wenn Fans eine bestimmte Band verehren, tun sie nichts Verkehrtes. Es ist Spaß, ein Hobby, und niemand hat einen Nachteil davon.

Einerseits zollst du ihm und den anderen Künstlern, die du coverst, Tribut; andererseits halten viele Fans Elvis für etwas Heiliges, was du nun wiederum „erdest".

Letzten Endes war er auch nur ein Mensch, er sagte selbst: „Schneide mich, und ich blute. Ich ziehe mir auch ein Hosenbein nach dem anderen an." Er war einfach ein Typ, der extrem viel Glück in seinem Leben und mit seiner Karriere hatte, ein ganz besonderer Entertainer. Aber letzten Endes sind wir alle nur Menschen mit verschiedenen Begabungen, die uns von Gott gegeben wurden. Und er hatte ein unglaubliches Talent!

Meine Konzerte sind Erinnerung und Feier einiger der größten Musiker, die es gegeben hat – fröhliche Totenmessen, wenn du so willst (lacht). Ein Gedenken und ein Tribut an Elvis Presley, Jimi Hendrix, John Lennon, Kurt Cobain und die anderen – Superkünstler zu ihrer Zeit, die von vielen Leuten heute schmerzlich vermißt werden.

Du coverst ausschließlich Songs toter Popstars. Glaubst du an ein Leben nach dem Tod?
Ja. Aber nicht an Wiedergeburt.

Man sagt, Künstler leben in ihrer Kunst weiter, Menschen in der Erinnerung der Hinterbliebenen. Glaubst du, daß darüber hinaus noch etwas ist?
Gewiß. Jeder Mensch muß seine eigene Hölle durchleben, um ins Paradies zu finden.

Du beschreibst dich selber als bodenständigen Familienmenschen. Hat sich durch deinen Erfolg deine Sicht der Dinge geändert?
Nein, ich fühle mich privilegiert und bin sehr dankbar für das Glück, das mir widerfahren ist. Jeden Tag frage ich mich erneut: „Warum? Warum ist das passiert?" Es ist sehr seltsam, aber ich bin dafür sehr dankbar.

War das Zufall, oder glaubst du an eine Art der Vorherbestimmung?
Ich bin mir da nicht sicher, es ist manchmal sehr schwierig, das alles zu glauben. Manchmal denke ich, daß die Dinge schon ihren Sinn und ihre Ordnung haben, und manchmal denke ich, es ist einfach zufälliges Glück – wahrscheinlich irgend etwas dazwischen.

Was für Konsequenzen ergeben sich aus deinem Glauben für dein alltägliches Leben?
Seitdem das hier passiert ist, bete ich wieder öfter. Ich habe auch aufgehört zu trinken (lacht), aber nur um einen klaren Kopf zu behalten, mich auf die Karriere zu konzentrieren und dafür dankbar zu bleiben.

Bist du religiös erzogen worden?
Ich bin katholisch getauft, und ich glaube ohne Zweifel an Gott. Das ist weniger eine Sache der Kirche und ihrer Frömmigkeitspraxis, aber ich bin definitiv gläubig.
Im Katholizismus gibt es einiges, mit dem ich nicht einverstanden bin, wie z.B. die institutionalisierte Beichte. Ich glaube, ich muß dazu nicht zu einem Priester gehen, sondern kann das jederzeit und überall tun. In der Bibel heißt es, es gibt nur einen Vermittler zwischen den Menschen und Gott, und das ist Jesus Christus. Ich bete jeden Tag, beichte ihm meine Sünden und bitte ihn um Verzeihung. Warum sollte ich dazu zu einem Priester gehen? Jesus sagt, daß allein der Glaube an ihn zählt.
Ich habe viele Bücher über verschiedene Religionen gelesen, und ich respektiere andere Religionen sehr, habe da auch keine Vorbehalte: Woher weiß ich denn, daß meine Religion nun ausgerechnet die einzig richtige sein sollte? Du wirst schließlich in eine Religion hineingeboren... Ignoranz und Rassismus, gerade auch in religiösen Dingen, haben der Welt nur geschadet, und ich habe die Hoffnung, daß das eines Tages anders sein wird; wir leben in den letzten Tagen. Wir müssen uns nur den Zustand der Erde an-

gucken, so viel Krieg und Haß... Und ich habe das Gefühl, daß die Prophezeiungen der Apokalypse zwar deprimierend sind, daß sie aber stimmen. Ich glaube daran, daß Jesus mich retten wird. Es wird sehr, sehr schlimme Zeiten geben, aber die werden vorübergehen, und danach ist „Frieden auf Erden", für immer.

Gerade für dich als Iren sind religiöse Konflikte ja deutlich vor Augen.
Es geht im Nordirlandkonflikt ja nicht nur um Religion. So hat es vor achthundert Jahren angefangen. Heute geht es für die Protestanten in Nordirland darum, Teil des Vereinigten Königreiches zu bleiben, während die Katholiken ein vereinigtes Irland anstreben. Es ist also eher ein politischer Konflikt. Ich bin sehr glücklich darüber, daß der Friedensprozeß in letzter Zeit einige Fortschritte gemacht hat, und ich hoffe, daß es weitergeht, daß die Leute miteinander sprechen. Ansonsten würde ich mit meiner Familie nach Dublin oder London ziehen, denn meine Kinder sollen nicht in einer ähnlichen Umgebung aufwachsen wie ich. Ich bin in Belfast aufgewachsen und habe schreckliche Dinge erlebt, Autobomben, war ein paar Mal mitten in Feuergefechten, wurde von Heckenschützen beschossen und bin immer nur knapp entkommen.

Was ist deiner Meinung nach der höchste Wert?
Ehrlichkeit. Anderen und vor allem auch sich selbst gegenüber. Andere mit Respekt zu behandeln. Es wird immer auch schlechte Menschen geben, aber die werden eines Tages zur Verantwortung gezogen werden, wie es in der Bibel steht. Eines Tages wirst du vor Gott stehen, und da kann man dann nicht mehr lügen.

Das klingt einerseits sehr pessimistisch, als Vater von fünf Kindern mußt du ja aber auch Hoffnung haben. Woran machst du die fest?
An meinem Glauben. Trotz der Menschheitsgeschichte weiß ich, daß die Dinge eines Tages besser werden.

Was für Konsequenzen ziehst du aus deinem Glauben?

Ich werde anderen Leuten nicht vorschreiben, was sie mit ihrem Leben anfangen sollen. Ich selber habe aber mein Leben in gewisser Hinsicht geändert, versuche nun, besser zu leben – eben so, wie ich glaube, daß es Christus gefallen würde. Manchmal mache ich Fehler, aber ich weiß, daß Jesus auch vergibt.

Was bedeutet Musik für dich?

Auf der Bühne ist es ein höchst intensives emotionales Erlebnis. Viele Leute im Musikbusiness nehmen das als etwas Selbstverständliches hin, aber das ist ein wundervolles Privileg!

Und ich habe noch nie einen Menschen getroffen, der keine Musik mag! Wir mögen nicht alle dieselbe Art von Musik, aber alle lieben Musik an sich. Es ist etwas Wunderbares!

So ist das, glaube ich, auch mit Gott. Wir glauben nicht alle dasselbe – aber wir glauben.

Tilman Rossmy

„Religion beschreibt die innere Welt"

Auf deinem Solo-Debut „Willkommen zu Hause" sind mir in deinen Texten zum ersten Mal biblische Zitate oder Motive aufgefallen, auf „Passagier" nun verstärkt. Ist das eine bewußte Aufnahme?

Nein, ich habe die Bibel gar nicht gelesen. Ich meine, das ist ein Stoff, der im Prinzip natürlich auch irgendwie in unseren Genen ist. Ich bin auch nicht besonders religiös erzogen worden.

Ich habe das auf meinen LSD-Trips sehr stark gemerkt, daß das präsent in mir ist – auch auf eine Art und Weise, die mir gar nicht bewußt war oder bewußt ist. Es gibt ja auch dieses, wie C.G. Jung sagt, „kollektive Bewußtsein". Und ich denke, wenn es das gibt, dann sind wir eben alle da angeschlossen. Und auch an die Sprache, an die ganzen Bilder, schon von unserer Herkunft her.

Und das ist dir durch Drogenerlebnisse bewußt geworden?
Die sind ja schon ewig her, fünfzehn Jahre oder so. Aber da habe ich das eben gemerkt. Das war sehr überraschend, weil es vorher in meinem Leben überhaupt keine Rolle gespielt hat.
Und jetzt ist es so, daß die Songs sich im Prinzip selbst schreiben. Im Prinzip empfinde ich Musik als etwas, das mir gegeben wird und das ich dann in der Welt manifestiere. So schreibe ich eigentlich: Ich sitze da und warte. Das ist eigentlich meine Hauptbeschäftigung, mit der Gitarre rumzusitzen und zu warten, daß mir was einfällt. Und irgendwann ist dann eben wieder ein Song da. Ich wundere mich teilweise auch, was dann da rauskommt, auch mit diesen spirituellen, religiösen Inhalten.

Ist das demnach so eine spirituelle Eigendynamik?
Kann man so sagen. Daß zum Teil erst der Song kommt, und dann fange ich an, mich dafür zu interessieren: Was steckt denn eigentlich dahinter?

Wie stark reflektierst du das dann? Du singst z.B.: „Ich bin die Stimme, ich bin die Kraft (...), ich fang da an, wo du aufhörst." Wer ist diese Stimme?
In „Die Stimme" geht es eigentlich darum, daß die lebendige Stimme jenseits des Verstandes ist. Der Verstand kommt mir – wenn ich in mich reinschaue – immer so ein bißchen geschwätzig vor: Der hat immer zu allem eine Meinung und kommentiert alles, quasselt so vor sich hin. Während die lebendige Stimme, die wirklich wirkt, die z.B. Songs schreiben kann – also das lebendige Wort –, jenseits davon ist. Das ist auch mit dem Verstand so nicht zu fassen. Deshalb fängt die Stimme „da an, wo du aufhörst"; „du" ist also der Verstand.

In „Passagier" heißt es: „Ich bin wach, ich bin da für dich." Das erinnert mich an „So drauf", wo du singst: „Manchmal denk' ich, ich wach' jetzt auf." Worauf bezieht sich das Aufwachen – ist das ein durchgehendes Thema für dich?

Dieses *Erwachen zu etwas* schon; Erwachen zur Liebe zum Beispiel. Das ist auch ein Faden, der sich durch mein Leben zieht: daß ich manchmal zur Liebe erwache.

„Passagier" ist ein Song, den ich auch nur teilweise verstehe, der sich selbst so geschrieben hat. Der handelt im Prinzip davon, sich tragen zu lassen, von etwas Größerem als dem kleinen Selbst.

Und das Größere ist das, was zunächst in der zweiten Person besungen wird („dann lasse ich mich tragen von dir") und was dann in der dritten Person beschrieben wird: „.... gestern nacht war ich bei ihm"?

Dieses Größere wird eben sehr persönlich. Bei den Regierungs-Sachen habe ich es immer „es" genannt, z.B. in den Songtiteln „Es ist hier", „Es hat keinen Namen", und das wurde mir dann zu unpersönlich. Je mehr ich mich damit beschäftigt habe, desto mehr wurde „es" zu „er" oder „sie". Auf jeden Fall persönlicher, weil auch das Verhältnis dazu enger wurde.

Das Lied klingt nach einem Erweckungserlebnis: „Meine Augen sind jetzt offen, und was ich seh', ist so hell, daß ich sie wieder schließ'" – wie eine typische Offenbarung.

Im Prinzip das gleiche wie bei „So drauf": Für 'nen kurzen Moment bist du da und erwachst zu etwas, und sobald sich der Verstand wieder einschaltet, ist halt wieder alles weg. Oder zumindest nicht mehr so sichtbar.

Ist das Größere auch das, was in „Er lebt" besungen wird?

"Er lebt" ist entstanden, als ich durch Death Valley gefahren bin und mir auf einmal so ganz deutlich die Präsenz von jemandem deutlich war, der sowohl in mir als auch außer mir da war. Da ist auch keine Trennung zwischen mir und ihm. Mehr kann ich dazu auch nicht sagen; dieser Satz: „Er lebt" war auf einmal ganz präsent. Das war in diesem Sinne auch gar nicht sensationell, sondern einfach nur ganz klar.

Das kommt auf dem Album „Passagier" schon massiv zum Tragen, z.B. wenn du singst: „Jederzeit und überall grüße ich dich in seinem Namen." Dort lautet eine Zeile: „... von der Panik, die ich hab, wenn ich mich frag, was ich sag, bis zu dem Wort, das mich erlöst" – ist das das Wort, das du selber sprichst, oder ist das ein Zuspruch von außen?
Es kommt von innen, aber eben, sagen wir mal, vom größeren Selbst. Das Wort ist nicht jederzeit verfügbar, es wird mehr oder weniger gegeben. Also in mir, aber von außen.

Läßt sich das rückbeziehen auf dieses halb unbewußte Schreiben?
Im Prinzip schon: Die Zeile, die mich erlöst. Oder auf der Bühne auch, da ist es ja angesagt, manchmal was zu sagen. Und immer die gleichen Sachen zu sagen oder vorgefertigte Muster zu wiederholen ist ja nun auch nicht so spannend. Und dann empfinde ich das schon so, daß ich in manchen Shows praktisch erlöst werde. Von irgend etwas, das ich sage, das stimmig ist.

Doch du nennst es nicht Gott, Kraft oder ähnliches; es gilt also insgesamt auch der Songtitel: „Es hat keinen Namen"?
Das ist ja eigentlich nichts anderes: „Es", „er", „sie", „Gott", „Kraft", „das Wort", „das Wesen"...

Aber du erklärst es dir nicht mit Hilfe eines Deutungsmodells einer fest verfaßten Religion.
Das ist nicht zu erklären. Es heißt ja: „Das Geheimnis bewahrt sich selbst." Und das nicht, weil alle so verschwiegen sind, sondern weil es gar nicht erklärbar ist. Es ist halt jenseits vom Verstand: Es ist erfahrbar, und man kann sich dem mit Worten annähern. Aber man kann es nicht erklären.

Gibt es bestimmte Befindlichkeiten oder Situationen, wo das Gefühl, daß da was Größeres ist, besonders zum Tragen kommt? In der Musik z.B., in Naturerlebnissen?

Es ist eigentlich der ganz natürliche Seinszustand des Menschen, „jederzeit und überall". Es gibt natürlich Umgebungen, die das sehr stark unterstützen; in Las Vegas ist es sehr schwer, eine spirituelle Erfahrung zu machen, das erfordert schon ein bißchen Stille. In Las Vegas ist alles laut, und ich kann jedem nur empfehlen, diese Reise zu machen: von der Wüste nach Las Vegas und dann wieder zurück in die Wüste. Diese Schwingung, die durch das ganze Laute in deinem Kopf erzeugt wird, die einfach mal wahrzunehmen – das ist wirklich ein großer Unterschied.

Und ich glaube, daß alle Religionen im Prinzip sowieso das gleiche sagen. Es gibt Unterschiede, wie das Christentum und der Islam praktiziert werden, aber Bibel und Koran kommen aus der gleichen Quelle. Und auch wenn man im Hinduismus viele Götter hat, ist es im Prinzip das gleiche. Religion beschreibt ja die innere Welt. Und das machen die Schriften auf ihre jeweilige Art, aber aus der gleichen Quelle.

Das ist so'n bißchen das Drama, daß die Menschen sich eben so sehr an der äußeren Form festmachen, Religion aber eben die innere Welt beschreibt. Deswegen sind auch Dinge wie Auferstehung sofort klar, wenn du weißt: „Das ist die innere Welt!" Ob sich das in der äußeren Welt manifestieren kann oder nicht, ist im Prinzip erst mal egal. Aber alle Leute beschäftigen sich heute nur noch mit der äußeren Form der Auferstehung: daß ein Körper verschwunden ist oder so. Aber das geht an und für sich vollkommen an dem Inhalt vorbei. Dann reden wir ja über irgendwelche Sensationen, wo RTL die Kamera draufhalten kann: „Wow, Körper verschwunden!" – tolle Bildzeitungsschlagzeile (lacht). Aber dann macht das alles auch keinen Sinn mehr, denn was willst du daraus lernen? Dann kannst du sagen: „Wow! Aber was hat das mit meinem Leben zu tun?" Das Meer muß sich auch *in dir* teilen können, sonst hat das alles keinen Sinn. Und die Ruhr wird sich bestimmt nicht teilen, wenn du da reingehst, da wirst du versinken (lacht). Ich denke, Religion ist nun mal in der Praxis so verkommen, daß alles auf die äußere Form reduziert und damit auch sinnentleert wird. Als Kind hat das für mich überhaupt keinen Sinn ergeben: übers Wasser laufen. Das waren im Prinzip Comic-Geschichten, so wie Obelix auch Superkraft hatte.

Das heißt, Religion muß stärker erlebt werden?
Ich weiß auch nicht den Weg dahin. Ich denke, der Weg ist irgendwie, daß du nicht auf äußere Beweise guckst, sondern daß dir klar wird: Das ist eine Beschreibung der inneren Welt. Das ist schon mal ein ganz großer Schritt. Und dann ist das überhaupt kein Thema mehr, übers Wasser zu gehen oder zu sterben und aufzuerstehen – denn das passiert im Prinzip jeden Tag. Jeder stirbt auch schon, während er lebt, und ersteht auch wieder auf. Das würde dann auch das Ganze wieder mit Sinn füllen. Und auch mit Liebe, mit Hingabe, daß jemand das gerne macht. Wir lieben ja die Religion, bloß: das ist eben durch die Fixierung auf die äußere Form irgendwie verschwunden.

Auf dem zweiten Album von Die Regierung gibt es das Stück „Das Geräusch, das mein Herz macht". Dort heißt es: „Aber ich kann es (d.h. das Geräusch) nicht abstellen", und es klingt so, als würdest du das bedauern und das Leben einfach nur ertragen. Auf „Passagier" singst du: „Diese Welt ist mein Zuhause" und klingst sehr mit dir und der Welt versöhnt.
Das stimmt ja auch nicht: „Diese Welt ist mein Zuhause." Also, ich komme immer mehr dahin zu denken, daß sie das eben nicht ist. Aber daß es vielleicht unsere Aufgabe ist, sie dazu zu machen. „Diese Welt ist mein Zuhause" ist mehr so ein Entwurf von dem, wo ich hin will. – Was ich auch in dem Song „Die moderne Kunst" fordere: daß jemand uns ein Bild malt „von dem Ort, an den wir hin wollen". Daß wir schon mal so'n bißchen einen Eindruck davon bekommen, wo wir eigentlich hin wollen und wie das da so

ist. Und wenn das jemand gut macht, dann können wir da vielleicht auch schon mal eine Weile sein.

Der Song vermittelt eine Ahnung von dem Einssein mit der Welt wider besseres Wissen. Heinrich Böll sagte einmal, er sei religiös, weil er sich „auf dieser Erde nicht ganz zu Hause" fühle.
Ich denke auch, unser Zuhause hat nichts mit Raum und Zeit zu tun, das ist jenseits davon. Wie in „Willkommen zu Hause", der Song meint schon das wirkliche Zuhause, also keinen Ort.

Oft werden ja Naturerlebnisse als Momente tiefer Gotteserfahrung beschrieben. Du nennst in „Diese Welt ..." aber auch „glänzende Maschinen, Dinge die funktionieren", beziehst die technische Welt mit ein.
Das hängt so ein bißchen mit der Philosophie von Ayn Rand zusammen. Das ist eine amerikanische, rationale Philosophin, die an und für sich überhaupt nichts von Religion hält. Mit der habe ich mich beschäftigt, weil die einen tollen Roman geschrieben hat, „Der ewige Quell". Sie hat auch ein philosophisches Buch über die Kunst geschrieben, das aber auch zu verstehen ist. Da ist mir zum ersten Mal der Satz über den Weg gelaufen, daß sie lieber eine künstliche Landschaft sieht als eine echte. Und das hatte ich noch nie gehört, konnte es aber total gut verstehen. Deshalb habe ich in dieses Zuhause eben die von Menschen geschaffenen Dinge mit hineingenommen: „rauchende Schornsteine, glänzende Maschinen". Weil es ja de facto auch so ist; kaum jemand fühlt sich zu Hause in einer Wildnis, wo nichts von den geschaffenen Dingen ist.

Die Auseinandersetzung mit moderner Philosophie ist ja auf dem Album „Selbst" thematisiert und gipfelt in dem Fazit: „Moderne Philosophie ist ein Haufen Blödsinn". Hast du dich intensiv damit auseinandergesetzt?
Wie gesagt, von Ayn Rand habe ich das ganze Werk gelesen. Das hat mich damals sehr begeistert. Und ich bin da auch immer sehr

schnell, habe da philosophisch auch gleich die große Klappe gehabt. Ich habe z.B. nie was von Kant gelesen, habe den in dem Song aber gleich in die Tonne gehauen (lacht). Das ist so ein bißchen eine Schwäche von mir.

Da heißt es, Kants Philosophie sei eine, „mit der man nicht glücklich leben kann".
Das ist eben mehr auf Ayn Rands Mist gewachsen. Von ihr ausgehend habe ich da meine Abneigung gegen Dinge, die in der Gesellschaft passieren, auf Kant projiziert. Ich bin davon jetzt ein bißchen abgekommen, auch von dieser Philosophie von Ayn Rand, weil sie mir auch viel Ärger eingebracht hat. Sie beschreibt die reine Vernunft, also den reinen Verstand, mit einer absolut religiösen Inbrunst – so daß sie, glaube ich, das große Selbst mit dem Verstand verwechselt. Für sie gibt es da überhaupt keine Trennung, und deshalb ist es so begeisternd, was sie schreibt. Sie redet der reinen Ratio das Wort, und ich glaube, da vertut sie sich einfach. Ich war da zunächst sehr begeistert, aber habe dann gemerkt, daß das mit meinem Leben nicht mehr zusammenpaßte. Schon gar nicht, wenn ich durch Death Valley fahre.

Du studierst auch Physik. Hat dich die rationale, naturwissenschaftliche Sicht in irgendeiner Form besonders beeinflußt?
Eigentlich nicht. Deshalb ist mein Studium ja auch so schwer zu Ende zu bringen, weil ich mit der Physik irgendwie abgeschlossen habe. Ich habe das studiert, weil ich das einfach schön fand. Ich fand Gleichungen schön, ich fand es schön, so einen Ansatz zu machen und zu sehen, wie das über eine komplizierte Rechnung dann zu einer einfachen Formel führt. Das hat auch Spaß gemacht, das nachzurechnen. Die Arbeit eines Physikers ist eben ganz anders, das ist mehr so'n Bastler. Du steckst Kabel zusammen, und das war nie mein Fall.
Ich glaube, die Physik steht gar nicht im Widerspruch zur Mystik. Sie ist halt beschränkt auf den Verstandesbereich, und da ist sie ja

auch gültig. Es ist nur vielleicht das zentrale Problem von uns Menschen, daß der Verstand eben immer *alles* will. Und das haut nicht hin, es gibt eben die Grenze. Das kennt ja jeder, bei Poesie zum Beispiel.

Wenn du, mit allen Vorbehalten, Kant vorwirfst, mit seiner Philosophie könne man nicht glücklich leben; ist das denn das Ziel: glücklich leben?
Vielleicht ist der Sinn des Lebens auch, das rauszukriegen, was der Sinn des Lebens ist (lacht). Ich glaube schon, daß das die Aufgabe ist: eine Antwort zu finden, die dir reicht. Dir reicht's, du fragst nicht mehr weiter. Ich denke auch, das Wesen der Antwort ist die richtig gestellte Frage. Wenn du die Frage richtig stellst, wird sie meiner Erfahrung nach sofort beantwortet. In dir.

Es gibt diesen Satz: „Die Rätsel Gottes sind befriedigender als die Lösungen der Menschen." Das kann natürlich auch zu einer Untertanenhaltung führen, daß man viel zu schnell mit dem Fragen aufhört.
Es ist schon die Aufgabe zu suchen. Aber eben: sehr viel weniger fragen. Meine persönliche Aufgabe ist es, innerlich still zu werden. So daß die wirklichen Fragen gestellt werden können, und die werden auch beantwortet. Dafür muß ich das ganze Geschwätz in mir – tja, nicht abstellen, aber eben aufhören, mich zu sehr damit zu identifizieren. Dieses Geschwätz läuft ja immer, wie so'n Band oder ein Radiosender – aber mich damit nicht zu verwechseln, das ist so mein Weg.

Du hast gesagt, es kommt auf die richtige Frage an, nicht auf die richtige Antwort.
Die richtige Frage erzeugt die Antwort, fast *instant*. Daher sage ich: Die Antwort ist die Frage.

Und „Liebe ist die Antwort auf all unsere Fragen", wie du in „Willkommen zu Hause" singst?
Ja. Gut, das ist natürlich erst mal ein Satz, der gut klingt, wie bei

Beatles-Songs. Nur daß der eben aus meinem Unterbewußtsein kommt. Immer wenn ich liebe, wenn ich *in Liebe bin*, dann ist auch ganz klar, daß das so ist. Da gibt es keine ungelösten Fragen, wenn du liebst.

Es sei denn, du wirst nicht „gegengeliebt".
An und für sich braucht die Liebe keine Antwort. Dieses Gegengeliebt-Werden ist gar nicht notwendig, um zu lieben.

Moses Pelham

„Geteiltes Leid"

und

„Lieder zum Trost"

Eigentlich ist es müßig zu fragen, was dich zum Schreiben treibt, denn die Begriffe „Leiden", „Schmerz" und „Haß" sind durchgängige Themen. Leiden woran, Schmerz wovon und Haß worauf?
Also, da gibt es natürlich mehr als diese drei Dinge, z.B. erst mal dieses Ur-Ding, daß man ausdrücken möchte: „Weißt du, ich bin echt 'n toller Typ." Ich glaub', dieses klassische Battle-Rhyme-Ding ist der Anfang von jedem, der rappt; und eben auch der Spaß daran, sich auszudrücken. Das, was man ausdrücken will, und die Mittel, mit denen man das tut, sind ja zwei Sachen, die sich ganz seltsam befruchten, das schaukelt sich hoch. Du drehst dich um dich selbst wie'n Autist, weil du'n paar Zeilen suchst, dann fliegt dir eine zu, und bis du die nächste findest, bist du gezwungen,

dich stärker mit dir selbst zu beschäftigen, als du das sonst tun würdest. So auch mit den Dingen, unter denen du leidest. Du mußt die Dinge mehr an dich ranlassen, um sie auch einfangen und festhalten zu können. Du suhlst dich darin, wie jemand außerhalb von 'ner Therapie es nie machen würde. Sting hat mal gesagt, daß er glaubt, er habe Krisen in seinen Beziehungen geradezu provoziert, um künstlerisch damit arbeiten zu können – was ich echt krass gesagt fand.

Das heißt, der Leidensdruck verselbständigt sich.
Mit dem Leiden ist das natürlich relativ, deshalb sagte ich vorhin bei deiner Frage: „Wie geht's?" auch: „Eigentlich gut", denn normalerweise ist es natürlich 'ne Frechheit für mich zu sagen: „Mir geht's heute nicht so gut." Aber du nimmst Dinge als selbstverständlich hin und findest neue Sachen, über die du dich aufregen, unter denen du leiden kannst.

Auf der Rückseite des CD-Booklets finden sich Zeilen aus dem Titelstück „Geteiltes Leid": „Wohlan! Das sind meine rechten Hörer, meine vorherbestimmten Hörer. Was liegt mir am Rest, der Rest ist nur die Menschheit. Man muß der Menschheit überlegen sein durch Kraft, durch Höhe der Seele, durch Verachtung..." – klingt nach Nietzsche.
Das ist auch ein Nietzsche-Zitat; nur: bei ihm sind es Leser, nicht Hörer. Es ist natürlich schwierig zu sagen, ob ich da mit ihm einer Meinung bin; was weiß ich, was der Mann gemeint hat?! Aber ich habe die Zeilen gelesen und mich oder mein Problem in diesen Zeilen ausgedrückt gefunden und sie mir dann sozusagen zu eigen gemacht.

In „Willst du sterben?" fragst du: „Teilt ihr meine Ansichten über Schlecht und über Gut?" Was sind deine Ansichten?
Das Lied beschreibt die Situation, sich im Umgang mit Menschen an den Rand des Erträglichen getrieben zu fühlen und zu sagen: „Paß auf, ich ziehe hier meine Grenze. Und wenn du mich darin

nicht leben läßt, dann gehen wir alle drauf. Dann wird es dir leid tun, es so weit getrieben zu haben." In diesem Kontext also: Tust du das, weil du gar nicht weißt, was ich für richtig halte, oder teilen wir grundsätzlich unsere Werte, nur: du scheißt gerade drauf, was mich betrifft?

Grundsätzlicher gefragt, was sind für dich gute Werte?
Platt gesagt, dieser Kinderreim: „Was du nicht willst, daß man dir tu', das füg auch keinem andern zu!" Ich sehe darin jede Menge Wahrheit und glaub' auch für mich, halbwegs verinnerlicht zu haben, was es braucht, daß ein soziales Gefüge funktioniert, und woran es scheitert.

Der Kinderreim ist ja eine Umformulierung der Goldenen Regel Jesu Christi. Woran machst du deine Werte fest?
Als Jugendlicher kam mir eine Zeitlang mal die Sache mit der Reinkarnation sehr vernünftig vor; es schien mir sehr plausibel, daß du als verschiedene Menschen verschiedene Situationen durchlebst, um später sozusagen vollkommen zu sein. Und wenn du das verinnerlicht hast, wirst du aus Mitgefühl heraus bestimmte Dinge keinem antun; „The life you save may be your own", wie man ja auch sagt. Mittlerweile bin ich der Auffassung, daß es möglicherweise gar nicht nötig ist, die verschiedenen Situationen und Perspektiven auch wirklich selber durchlebt zu haben. Ich glaube, daß mir so ein gewisses Mitgefühl ins Herz gelegt ist, so wie uns auch die Suche nach Gott ins Herz gelegt ist.

Also eine Grundeinsicht, die jedem gegeben ist.
Davon gehe ich stark aus, auch wenn's nicht immer so aussieht. Irgendwelche Moslems nennen sich ja gegenseitig „Gott"; es heißt ja, daß wir nach seinem Bilde geschaffen sind. „Ich bin Gott, du bist Gott" – das sind alles Darstellungsformen, die ich für nicht so weit hergeholt halte und auch in keiner Weise blasphemisch finde. Ein Teil von Gott ist offensichtlich in jedem von uns.

Der Mensch hat also etwas Göttliches in sich, aber Gott geht noch darüber hinaus; kann man das noch näher beschreiben?

Das ist sehr schwierig, und ich zweifle ja auch, von daher wäre es für mich sehr kompliziert, das darzustellen. Gerade als Zweifler würde ich mich nie hinstellen und predigen, wie der Xavier es tut; wobei ich übrigens in vielen Dingen mit dem Xavier überhaupt nicht übereinstimme. Von daher fände ich das gefährlich in meiner Situation.

Aber ich glaube genug, um Zeugnis abzulegen und zu sagen, daß es für mich offensichtlich ist, daß es einen Schöpfer gibt, und daß ich es für mich am eigenen Leib erfahren habe, daß es eine Kraft gibt, die gut ist. Und ich glaube zu wissen, daß, wie es in der Bibel steht, die Gebote zu achten nicht nur gottgefällig, sondern sofort von praktischem Nutzen ist. Auch wenn ich das nicht immer tue...

Bist du religiös erzogen worden?
Ja, evangelisch. Ich bin in den Kindergottesdienst geschickt worden und fand das auch cool. Das ist ja erst mal 'ne soziale Sache. Und wie das halt ist bei Jugendlichen, irgendwann stellst du alles in Frage, suchst nach neuen Sachen. Ich bin natürlich auch immer ein relativ stark abgelenkter junger Mensch gewesen, aber ich denke schon, daß das immer schon irgendwie mehr oder weniger präsent war.

Gehst du heute noch in die Kirche?
Überhaupt nicht. Ich muß auch gestehen – ich bin auf 'ner Suche nach 'ner Weisheit, die ich mir tätowieren lassen kann, und da habe ich neulich in der Bibel geblättert, aber ernsthaft gelesen habe ich in der Bibel zuletzt vor vier Jahren oder so. Ich bin einfach hervorragend abgelenkt.

In vielen deiner Stücke klingt das alttestamentliche „Auge um Auge, Zahn um Zahn" an, und da frage ich mich manchmal: Wo bleibt da die Liebe? Du sprichst oft aus einer drohenden Verteidigungshaltung.

Ich denke, das gilt für viele Zeilen, und „Willst du sterben?" macht das am deutlichsten: Es ist natürlich 'ne Drohung, aber vor allem die Bitte: „Bitte, bitte, laß es nicht so weit kommen!"
Aber das mit der Bibel, Gott oder irgendwas verteidigen zu wollen, ist völliger Quark. Es mag falsch sein, aber ich habe ja die Welt so vorgefunden und nicht selber gemacht und versuche damit umzugehen. Es ist für mich persönlich so: Wenn der Umstand, daß dein Verhalten mir gegenüber falsch ist, daß du selber auch nicht so behandelt werden willst und ich dir gar nichts getan habe usw. – wenn all das nicht Argumente genug sind, um mir nicht auf den Sack zu gehen, werde ich dir noch ein paar mehr an die Hand geben, und zwar indem ich dir im Zweifelsfall ein paar auf die Fresse haue, verstehst du, was ich meine?

„Ich hab die gottverlassene Welt hier net gewählt, mich nie mit ihr vermählt", heißt es auch in „Mein Glück".
Das klingt eigentlich überall so'n bißchen an, am deutlichsten auf der „Zurück nach Rödelheim": „Ich hab's nicht so gemacht, ich bin nur der, der schreibt" (also *be*schreibt).

Du siehst dich in die Welt geworfen, guckst dich um und fühlst dich nicht wohl.
Teilweise ist es ja so, daß es hier doch ganz witzig sein kann, und speziell ich habe es ja besonders gut, bin sozusagen so privilegiert, daß ich mir Sorgen über ganz andere Sachen machen kann. Denn jemand, der nur leidet, kommt gar nicht erst zum Schreiben. Also ich glaub', möglicherweise weil ich privilegiert bin, habe ich natürlich auch die Energie, das besonders wahrzunehmen; aber ich finde ständig Dinge, wo ganz deutlich wird, daß der Mensch zum Nachteil des Menschen über den Menschen regiert. Ich bin hier alleine reingekommen und gucke mir euch an und denke: „Was ihr einander antut, ihr müßt ja wahnsinnig sein!" Das muß ja für andere genauso sein, klar, aber das muß ich doch erst mal ignorieren können, während ich für mich meine Gefühlsbeschreibung

vornehme. Wie gesagt, oft denke ich: „Völlig geisteskrank – warum?" Ich möchte mich gar nicht ausklammern, nur weiß ich ja halbwegs, was in meinem Kopf abgeht, gucke mich um und denke: „Freund / Feind, was ist dein verdammtes Problem jetzt gerade?"

In „Die Chance ist klein" drückst du den Wunsch nach Verständnis aus.
Die ganze Platte sagt im Grunde genommen: „Hier, können wir nicht eigentlich Freunde sein?" Das ist der Grundtenor. Nur: Demut ist nicht gerade meine Stärke, speziell in der Situation, wo ich mich herausgefordert fühle, deswegen klingt das wahrscheinlich oft nicht so. „Und wenn wir schon nicht Freunde sein können, dann gebt mir wenigstens meinen Respekt; sonst gibt's aufs Maul." Letzteres ist natürlich bildlich zu verstehen; auch physisch, aber eben so als Grundhaltung. Ich weiß, daß das falsch ist, aber das hat was damit zu tun, mit ungerechten oder falschen Mitteln einen Zustand herzustellen, der dann wieder richtig wäre. Das hat was von diesem „das Recht in die eigene Hand nehmen", was natürlich völlig bescheuert ist, aber die Platte hatte ja auch nicht den Anspruch, eine großartige Weisheit loszuwerden, sondern das Gefühl eines Menschen auszudrücken. Die Platte heißt ja auch nicht „Geteilte Weisheit".

Du stellst dich sehr oft als Opfer dar.
Eine Runde Mitleid für Pelham (lacht).

Stefan Raab würde sagen: „Wieso Opfer, das ist doch ein Täter!"
Ich glaube nicht, daß er das sagen würde. Ich glaube schon, daß er auch realisiert, daß da ein Opfer ist, das es einfach leid ist, Opfer zu sein. Das ist ja genau die Situation, daß ich sage: „Du gehst mir so lange auf den Sack, bis ich sage: Bis hierhin und nicht weiter, oder es gibt vor'n Kopp." Und ich glaub' schon, daß er das gecheckt hat. Das war natürlich für ihn wahrscheinlich der Schock

seines Lebens, aber ich glaube, daß das „pädagogisch wertvoll" ist. So schlimm das ist, daß Menschen dieses Argument noch brauchen – und ich würde mir wünschen, daß es nie so weit gekommen wäre –, wir hätten Freunde sein können, aber er hat es ja vorgezogen, Opfer zu wollen. Und ich will nicht sein Opfer sein (lacht). Aber ich glaube, das kann man auch verstehen.
Die Aufgabe, die ich mir gesetzt habe, ist, mein Gefühl festzuhalten. Und ich komme hier rein und denke eigentlich: „Ja, laßt uns doch gegenseitig was schenken." Nur: gerade das funktioniert ja nicht, und aus dieser Perspektive ist meine Platte geschrieben. Aber ganz ehrlich: Wo ich die Gelegenheit dazu habe, versuche ich auch, meinem sozialen Verständnis Rechnung zu tragen und es anders zu machen.

Auch auf den RHP-Platten ist der Wunsch nach Fame präsent, und der äußert sich da oft in den Klischees Geld und Porsche fahren. Ist materieller Erfolg auch eine Rechtfertigung für dich?
Das ist halt relativ platt, aber es ist ehrlich gesagt auch eine Bestätigung. Ich find's ja fürchterlich, daß es so ist, aber man muß dabei auch immer sehen, es kommt von 'nem Menschen, dem immer gesagt wurde: „Paß auf, mit dem Scheiß wirst du nicht eine Mark verdienen, mach jetzt deine verdammte Banklehre!" Da ist jetzt dieses Ätsch-Ding dabei, und das kommt von einem, der eine Welt vorgefunden hat, in der es toll ist, Porsche zu fahren, dem aber von klein auf gesagt wurde: „Paß auf, das mit dem Porsche fahren kannst du allerdings vergessen!"; daß das wahrscheinlich insgesamt in die falsche Richtung geht, darüber sind wir uns wohl auch einig.

Ist der Erfolg der Masse wichtig für dich als Künstler?
Masse? Du brauchst bei 80 Millionen Einwohnern in Deutschland 250.000 Einheiten, um Gold zu gehen; ich glaube also nicht, daß das Mehrheiten sind, von denen wir sprechen. Aber das kann man relativ unabhängig von Kunst sehen: Ich will von so vielen Men-

schen wie möglich geliebt, geachtet und verstanden werden und mich dabei so wenig wie möglich anbiedern.

Dein Soloalbum hat sich ja nicht ganz so gut verkauft wie beispielsweise Xavier und Sabrina... Nagt das am Selbstbewußtsein?
Ich find's, ehrlich gesagt, nicht so überraschend, aber es hat mich schon enttäuscht. Ich habe nie daran gedacht, daß diese Platte auch nur irgendwie in die Nähe von Sabrina oder Xavier gehen, aber doch sehr viel erfolgreicher sein könnte, als sie in den Verkaufszahlen letztendlich war. Ich finde es schade, denn ich denke, es ist das beste Album, das ich je gemacht habe. Ich habe ja nun das Glück, davon nicht leben zu müssen, sonst würde das ganz anders aussehen. Aber von den Leuten, die mir wichtig sind, hat niemand gesagt: „Das ist ja scheiße, was du da abgeliefert hast", im Gegenteil, ich hör immer: „Das ist echt krass gesagt", und das wollte ich ja. Es ist schade, daß das nicht durch diese Pop-Tür gepaßt hat, weil es ja eigentlich mein Job als Produzent ist, das Gefühl von dem jeweiligen Künstler auf den Punkt und trotzdem durch die Pop-Tür zu bringen. Und es dann für sich selbst nicht hinzukriegen – schade. Aber ich bin sehr glücklich mit dem Album! Ich werde auf jeden Fall ein zweites Album machen, und das nicht, weil die Firma es brauchen würde, sondern weil ich es brauche.
Auf Viva ist die Platte im Zuge der Raab-Sache völlig boykottiert worden, und das hat dem Album letztendlich auch das Genick gebrochen, das wollen wir mal festhalten, und auf MTV lief das Video zum besten Lied erst ab zehn.

In einem Song bezeichnest du dich als „Krieger" und trittst auf Fotos mitunter recht martialisch auf; das „Rap"-T-Shirt mit den Republikaner-Rauten, die RHP-Fotos allgemein...
Da werden jetzt natürlich ein paar Sachen zusammengeworfen, aber ich glaube, daß natürlich für eine Sache zu gehen 'ne erhebende Erfahrung ist und daß das auch Menschen zusammen-

bringt. Und ich kann jedem Jugendlichen nur empfehlen, sich irgendwas zu suchen, für das man gehen kann, weil dann ein ganz anderer Antrieb hinter jeder Tätigkeit ist, die man betreibt. Dieses „Get up, stand up"-Ding ist es ja eigentlich, was da durch die Fotos rüberkommt. Aber da soll natürlich auch schon „Falscher Mann to fuck with" stehen. Das ist schon eine der entscheidenden Haltungen, seit ich so siebzehn, achtzehn bin: das Gefühl, mich verteidigen zu müssen und das auch symbolisieren zu müssen. Ich komme jetzt langsam in eine Phase, wo der Komplex so'n bißchen abnimmt. Auch ein Gespräch wie dieses wäre mit mir als 23jährigem schwer möglich gewesen, weil ich zu sehr damit beschäftigt gewesen wäre, zu sagen: „Paß auf, fick mich nicht an!" Das Feindbild Journalist – Künstler ist bei uns relativ ausgeprägt gewesen (lacht).

Es gibt ganz wenige Stücke, wo du explizit Gott erwähnst; in „Neuer Morgen" zum Beispiel scheint das aber im Hintergrund zu stehen. Bezieht sich der „Neue Morgen" auf die Apokalypse?
Ja, natürlich vor allem auf die damit verbundene Hoffnung. Ich halte es ja so'n bißchen mit Bob Marley, gar nicht musikalisch, sondern mit der Zeile: „If you know what life is worth, you will look for yours on earth." Will heißen: Die Nummer, sich vertrösten zu lassen – „Später wird schon alles gut werden"–, das will ich nicht für mich einsehen. Sondern ich sage: „Können wir jetzt nicht hier 'ne Ebene finden...?" Also, wahrscheinlich hat der eine oder andere Christ das Gefühl, daß es ihm wahnsinnig gut steht, Opfer zu sein, fürs Himmelreich auf der Erde zu leiden, doch ich habe dieses Gefühl einfach nicht.
Trotz dieser Haltung verbinde ich natürlich höchste Hoffnungen mit dem göttlichen Königreich.

Glaubst du an die Apokalypse und das Endgericht?
Die Apokalypse ist nicht eins der wichtigsten Themen für mich, aber es ist natürlich irgendwo präsent: Es geht noch eine Weile so weiter, aber irgendwann ist Feierabend, für uns wird Feuer vom

Himmel regnen. Und selbst die ihn gefürchtet und verehrt haben, werden erstarren und werden erkennen MÜSSEN. Da gibt es nichts mehr mit Blabla und Larifari, und gerade für jemanden, der so hin- und hertänzelt, wie ich es tue, ist das eine Bedrohung, aber auch eine Perspektive.

Glaubst du, daß du dich nach dem Tod rechtfertigen mußt?
Ich bin sicher, daß alles seine Konsequenzen hat. Aber ich glaube, daß das relativ offensichtlich ist. Alles, was du denkst, tust, machst, steht ja nun im Raum, ist einfach da. Für mich ist es ganz deutlich, daß das gesprochene Wort und die getane Tat eine bestimmte Bedeutung erhält, weil wir ja nicht in einem Vakuum leben.
Und was so Leute wie Mörder, Diktatoren, KZ-Aufseher oder so angeht, ich würde – aus völlig eigennützigen Motiven – diese Schuld nicht auf meinen Schultern haben wollen.

Was hat dein Glaube für Konsequenzen für dein alltägliches Leben?
Ich versuche, anderen nichts anzutun, das mir auch selbst nicht widerfahren soll. Mein soziales Verständnis irgendwie umzusetzen, sofern mir das möglich ist. Das eine oder andere Mal so'n bißchen Zeugnis ablegen, und – ohne jetzt größenwahnsinnig klingen zu wollen – ich glaube ja auch, daß meine Platte für den einen oder anderen, der in meiner Situation ist oder meine Wahrnehmung hat, Trost ist. Und das ist ja auch schon mal ein Ansatz.

Wonach suchst du Künstler aus, geht es da um die Skills oder auch um Inhalte?
Erst mal: ich suche keine Künstler aus. Sondern da finden sich Leute, die sich entschließen, miteinander zu arbeiten. Für meine Entscheidung, mit jemandem arbeiten zu wollen, steht die Frage: Fasziniert mich das, was der Mensch macht? Kann ich dazu was beitragen? Können wir zusammen da was Größeres reißen als jeder einzeln?
Ich habe natürlich auch nicht so viel Bock, mit Leuten zu arbeiten,

die es nicht ernst meinen. Inhaltlich sind z.B. der Xavier und ich oft uneinig. Es ist auch so, daß ich teilweise Sachen für ihn formuliere, weil ich genau weiß: „Das ist das, was er will", wo ich aber denke: „Das stimmt einfach nicht." Aber es gibt auch viele Sachen, wo wir uns gegenseitig aus der Seele sprechen. Das ist nun mal seine Platte, und da mußt du dich als Co-Autor und Produzent ab einem bestimmten Punkt unterordnen. Als Produzent geht es da mehr um Qualitätskontrolle, aber nicht um den Inhalt. Die Begeisterung wird von mir nicht dadurch getragen, daß jemand den gleichen Mist erzählt wie ich. Sondern das kann auch dahin gehen, daß das völlig konträr ist zu dem, was ich erzähle. Ich will ja große Kunst schaffen, die mich selbst fasziniert, und nicht Moses Pelham klonen; den gibt es ja schon.

3p erscheint nach außen ja mitunter fast sektenartig, und im Clip zu der „Hartreim-Saga" sieht man euch ja im Tempel mit dem 3p-Logo.
Im Video geht der Grundgedanke immer so'n bißchen verloren, weil man ja zuallererst spannende Bilder haben will. Im Idealfall unterstützt so'n Video den Gedanken des Künstlers, man hat am besten beides. Für mich sollte das auch darstellen, wie ich meine Musik verstanden haben möchte; daß du reinkommst, den Kopfhörer aufsetzt, fast meditativ in 'ne andere Welt eintrittst und dir deinen Trost holst. Daher sitzen wir da im Tempel und nicken zum Beat – fand ich 'n spannendes Bild, und das hat für mich nichts von Anbeten des 3p-Logos. Ich sitze da ja auch nicht vorne, sondern in einer Reihe mit den Leuten.
3p ist auch keine Sekte; da ist natürlich 'ne Energie, wenn Menschen so konzentriert an 'ner Sache arbeiten, aber da gibt's natürlich verschiedene Menschen, die verschiedene Dinge wollen; zwar eine Grundrichtung, aber eigentlich ist das Ziel von 3p, den Künstlern zu ermöglichen, das zu tun, was immer sie wollen, wenn wir glauben, daß diese Künstler die Chance haben, damit erfolgreich zu sein.

Rocko Schamoni

„Obdachlose helfen Großindustriellen"

Auf deinen Alben, besonders auf „Jeans und Elektronik", finden sich Songs über Liebe.
Damals war ich extrem auf der Suche nach möglichst viel Liebe. Weil ich mich selber nicht gefunden hatte und extrem einsam war. Jetzt ist das anders geworden, deswegen brauche ich nicht mehr schreiend zu suchen.

Das Thema wird in „Töten" aufgenommen und mit einem religiösen Offenbarungserlebnis verknüpft: „.... eine Stimme flüstert mächtig über mir: Mein Sohn, Gottvater ist mit dir..."

Das sind natürlich erst mal auch so Versuche, mit Pathos umzugehen und große Bilder zu malen, wie z.B. Barry Ryan das getan hat mit „Eloise" und „The Hunt". Dann war es auch die absolute Verlassenheit und Einsamkeit, in der ich war. Religiös war das eigentlich nicht gemeint, eher verlassen und kalt; daraus dann eine Vision von Traurigkeit, gebrochen durch eine gewisse Form von Ironie. Denn das war ja nicht 1:1 zu nehmen, sondern ich hab schon dabei schmunzeln müssen.

„Ich hab schon mal gelebt" erscheint so als netter, spielerischer Text zum Thema Reinkarnation.

Das ist auch nur ein Aufnehmen des Klischees gewesen. Ich habe damals auf der Gitarre so Beat-Akkorde entdeckt, und dann habe ich überlegt: Was paßt dazu? Das war einfach metrisch und vom Klang her gut: „Ich hab schon mal gelebt"; dann habe ich lauter Gestalten entwickelt, die ich angeblich mal gewesen wäre. Aber das ist auch nicht weiter spirituell gemeint gewesen.

Im Innencover-Text von „Jeans und Elektronik" beschreibst du die Seelennähe zwischen Künstler und Rezipienten, die Zeit und Raum sprengt.

Ja, es geht da um Unmittelbarkeit. Darum, daß die Sekunde, in der man die Musik auf Band bringt, halt hundertprozentig festgehalten ist. Es wird ja Wirklichkeit auf Band gebannt, und in dem Moment, wo jemand das später hört, ist das Jetzt des Aufnehmenden das Jetzt für den Hörenden. Der kann dieses Jetzt aus der Vergangenheit von uns praktisch in sein Jetzt mit übernehmen. Fand ich irgendwie ganz faszinierend; Foto, Film, Musik, alles das, was auf Ton- oder Bildträger gebannt wird, ist „gebanntes Jetzt", wenn man so will.

Und schlägt der Vergänglichkeit in dem Sinne ein Schnäppchen.
So'n bißchen, auch wenn ich das nicht unbedingt aus Angst vor Vergänglichkeit gemacht habe. Ich gehöre nicht zu denen, die glauben, daß man sich mit Kunst unsterblich machen kann. Selbst wenn Elvis Presley in fünfhundert Jahren noch das Idol des Jahrtausends sein sollte, wird einfach irgendwann die Zeit kommen, in der auch das vorbei ist. Spätestens in dem Moment, in dem die Erde untergeht oder die Menschheit ausstirbt, ist Elvis Presley endgültig tot. Und deswegen: Ob nun fünfhundert, fünfzig oder tausend Jahre unvergeßlich oder vergeßlich, es bleibt sich letztendlich gleich. Deswegen ist das für mich nicht die Motivation, Kunst zu machen. Das hat immer nur was mit dem Hier und Jetzt zu tun.

Warum dann?
Erst mal aus Langeweile. Ich habe mit Fünfzehn angefangen. „So, was macht man denn jetzt heute nachmittag? Schon wieder saufen? Auch langweilig, na laß doch mal irgendwie Musik machen!" Und das war der erste Moment, wo wir quasi die eigenen Leerräume, die wir hatten, wenn man so rumgammelt, mit Sinn füllen konnten. Das ist auch ganz geil, rumgammeln und rumhängen und so, das ist wichtig und toll, aber irgendwann wird's dann wirklich langweilig, und dann sucht man sich eben Beschäftigung. Und die meisten Leute haben einen Job – ich weiß nicht, ob sie damit zufrieden sind und ob ihnen dann dadurch nicht noch langweiliger wird, ich habe mir das ausgesucht, was für mich gleichzeitig noch Ausdrucksmittel war und wirklich auch Sinn gemacht hat. Das, was ich wollte, nämlich Musik und Kunst.

Im Beiheft zu „Galerie Tolerance" schreibst du, es seien „die Wunden, die den Pinsel führen". Ist da, bei allem Witz, den der Text hat, etwas dran, daß Leidensdruck dich zu Kunst motiviert?
Auch da muß ich dich enttäuschen (lacht). Es ist so, daß ich damals in der Kunstklasse von Werner Büttner war, einem bekannten deutschen Maler, zusammen mit meinem alten Freund Daniel

Richter aus Lütjenburg, der mittlerweile auch ein bekannter deutscher Maler geworden ist, und ich wollte die alle mal so richtig durch eine zu große Portion Nähe beklommen machen. Indem man so Worte benutzt wie „Zärtlichkeit, mal anfassen, mal spüren, mal alles rauslassen, der Pinsel muß es kompensieren..." – das sind alles so Floskeln, mit denen man bestimmte Leute, die durch nichts mehr zu schockieren sind, schockieren kann. Die kriegen sofort Gänsehaut vor Ekel, weil die so hart sind, und das wiederum bringt Spaß, dann mit so was daherzukommen. Ich bin ja auf eine gewisse Art und Weise auch hart, in Anführungsstrichen, ich bin in dem Sinne ja auch kein Hippie, sondern als Punk sozialisiert worden. Und deswegen benutze ich solche Floskeln gerne, weil ich mich selber dabei ekele. Und das bringt Spaß (lacht). Aber natürlich ist da, wie auch immer, etwas Wahres dran, natürlich führen die Leiden den Pinsel. Klar, wenn du nicht leiden würdest, würdest du wahrscheinlich auch nichts Großartiges zu sagen haben.

Hast du als Künstler eine bestimmte Verantwortung?
Schwer zu sagen. Erst mal habe ich die vor mir selber, daß ich mich bei dem, was ich mache, vor mir selber nicht für irgend jemanden verbiege, sondern daß das quasi nur aus dem Mittelpunkt meines Aussagebedürfnisses kommt. Ansonsten erst mal eigentlich nicht. Wobei ich natürlich wichtig finde, daß man eine Haltung hat, die Verantwortlichkeit zeigt – 'ne politische Haltung, eine kulturelle Haltung, und wenn man die auch herzeigt. Insofern ja; ich fühle mich quasi verantwortlich dafür, solche Begriffe wie Toleranz, Ehrlichkeit, soziales Verantwortungsgefühl oder Offenheit mit mir zu führen oder sie zu propagieren.

Du nennst Toleranz, Offenheit – woran machst du deine Werte fest?
Selbst wenn diese Begriffe durch den sogenannten „Neuen Liberalismus" mittlerweile extrem ausgelatscht sind und das Begriffe sind, die Dieter Gorny und Schröder sicherlich auch für sich in An-

spruch nehmen würden, sind das ursprünglich wichtige Begriffe. Es kommt drauf an, wer sie wie benutzt und wer sie ausfüllen kann.

Beschreibt „Anders sein" das Leiden an Gesellschaft, Spießern usw., oder ist das auch so ein Fremdfühlen in der Welt?
Eigentlich beides; die Welt und die Menschen beobachten und denken: „Wie kann man sich nur so verarschen lassen? Wie kann man zu Hans Meiser, zu diesen ganzen Nachmittags-Talkshows gehen, wie kann man der Werbung erliegen und diese Produkte kaufen, wie kann man bei all dem mitmachen, wie kann man zur Bundeswehr gehen, wie kann man...?" Ich kann das alles nicht. Ich bin da fremd, verstehe das nicht und will auch gar nicht dazugehören. Ich stehe mit ein paar anderen Leuten in einem weiten, dünnen Kreis außenrum, gucke mir das im Zentrum an, und ich glaube, diejenigen, die da in der Mitte stehen und das alles mitmachen, sind keine schlechten Menschen; das sind keine Idioten oder so, sondern sie haben es einfach nicht mitgekriegt, daß das Wichtigste im Leben der Begriff Freiheit ist, und die eigene freie Entwicklung. Jeder Mensch – ich spreche jetzt mal im Esoterik-Jargon – ist wie eine Blume, und das Beste, was du im Leben machen kannst, ist, den Weg zu finden, wie du aufblühen kannst. Und ganz viele von denen bleiben verschlossen, für immer. Vielleicht liegt's an ihren Eltern oder an der Welt – daß die Welt ihnen vorlebt, man müsse so sein, man müsse andern dienen, nicht sich selbst –, und sie gehen einfach hinterher, treiben einfach mit. Und das finde ich extrem traurig.

Du gehst demnach davon aus, daß der Mensch frei und autonom ist und daß es seine Aufgabe ist, sich in irgendeiner Form zu entwickeln.
Dafür ist der Mensch auf der Welt: um die Welt zu beobachten und zu begreifen. Der Mensch ist das Auge der Welt; die Welt will sich begreifen, dafür hat sie den Menschen erfunden, du sollst sie erleben, und darin sollst du so frei wie möglich sein. Du sollst dein

eigenes Leben haben, und du sollst dich frei entfalten können. Du sollst zu der besten Blume werden. So ist das gedacht, leider klappt's nicht, denn meistens wird nicht richtig gegossen (lacht).

„So ist das gedacht", sagst du...
Ich glaube auf jeden Fall an einen Sinn, eine Formel, die das Ganze bestimmt. Ich glaube nicht, daß das alles Zufall ist. Aber ich kann dir überhaupt nicht sagen, wer die Formel erfunden hat oder ob z.B. die Formel der Erfinder selbst ist. Ich kann mir eine Aneinanderreihung von Zufällen nicht vorstellen. Dafür ist es zu geschickt und zu intelligent gemacht, dafür läuft es zu gut und ist zu kompliziert. Aber woher es rührt, das weiß ich nicht. Ich vermute, die Superstrings stecken dahinter...

Aber du benennst es nicht als Karma oder Gott...
Nein. Ich finde den Begriff „Gott" erst mal sehr interessant als soziologisches Phänomen zwischen Menschen: Was bedeuten Gott, Religion und Kirche usw., auch mit all dem Schindluder, der damit getrieben wurde und wird und mit all dem Unheil, das damit über die Welt gekommen ist. Trotzdem gibt es ein ganz tiefes Bedürfnis in den Menschen nach so was wie Glauben, und dieses Bedürfnis muß man soziologisch betrachtet ernst nehmen. Ich glaube auch, die meisten Leute haben das, auch wenn sie es verneinen, tief in sich drin. Ich habe es auch. Als ich mich selber entdeckt habe, habe ich, wenn du so willst, quasi Gott gefunden, oder umgekehrt. Ich hatte das Gefühl, als wäre ich Gott begegnet, nicht irgendeinem kirchlichen, katholischen oder evangelischen Gott, ich bin auch nicht Buddha begegnet, ich habe, glaube ich, letztendlich in dem Moment einfach nur mich selber gefunden und hatte das Gefühl: Ich treffe ihn. Vielleicht ist das ein göttlicher Moment, wenn man sich an irgendeinem Punkt durch irgendein Erlebnis selber begegnen kann.

Siehst du dich als religiösen Menschen?
Nee. Also, dafür bin ich viel zu abgegessen durch alles, was die Kirche gemacht hat. Religion ist ein Begriff, der für mich immer mit Regeln und mit der Mechanik von Glaubensorganisationen und religiösen Institutionen zu tun hat, und insofern bin ich nicht religiös. Mich interessiert Buddhismus, mich interessiert der Katholizismus, das interessiert mich alles, aber eher als soziologische Phänomene, als daß ich mich da nach irgendwelchen Regeln richten könnte. Ich beneide aber oftmals gläubige Menschen; ich glaube, daß das Leben einfacher ist, wenn man gläubiger Christ ist. Mir scheint es zu einfach, aber ich beneide diejenigen um ihren festen Halt. Die haben da einen Aufhänger im Leben gefunden, und ich wünschte, ich hätte den auch. Aber dazu bin ich irgendwie zu kompliziert.
Ich halte mich da nicht für klüger; es gibt ganz viele unter denen, die so wahnsinnig gebildet sind. Aber in dem Bereich, glaube ich, geben sie sich ein bißchen früh zufrieden. Ich hab nur immer das Gefühl: wenn ich da stehenbleibe und das glaube, dann kann ich nicht sehen, was dahinter ist. Ich muß weitergehen.

Es ist ja eigentlich überraschend, daß gerade viele Wissenschaftler, die sich mit dem Urknall befassen, streng gläubige religiöse Menschen sind.
Gerade Quantenphysiker und Atomwissenschaftler sind da oft dran. Es wird ja immer der Moment beschrieben, wo sie nicht weiterkommen, wo das Unerklärliche quasi auf den Plan tritt und dann gesagt wird: Dahinter fängt jetzt Gott an, oder der Sinn, die Formel oder so.

Du hast gesagt, du wurdest in der Punk-Bewegung sozialisiert, hast ja auch mit den Goldenen Zitronen zusammen Musik gemacht. Im Gegensatz zu denen und anderen Punk-Bands erscheinen deine Platten deutlich privater. Was hältst du von Musik als Träger von Botschaften, seien sie nun politisch oder religiös?

Ich fand das früher okay bei Leuten, die das clever verpackt haben, z.B. Fehlfarben, oder Gang of Four, Heaven 17 oder auch so Poppergruppen wie ABC, die neue Musik mit einem linken Bewußtsein gemacht haben. Gerade Heaven 17 – „We don't need this fascist groove" und solche Sachen –, davor habe ich immer großen Respekt gehabt. Heute scheint all das nicht mehr Thema zu sein.
Ich bin auf „Showtime" dann wieder an diesem Thema dran, behandle aber beides: zum einen ist das eben der Versuch, ernsthaft dabei was auszusagen, zum anderen aber auch das Behandeln der Klischees von Politfloskeln. Ich breche es dabei ständig. Grundsätzlich denke ich, es gibt Leute, die gut agitieren können, und bei denen kann das dann auch eine explosive Kraft haben.

Ist dieses Brechen ein Schutz?
So wie andere sich hinter Englisch verstecken, breche ich oftmals meine Zusammenhänge, auch als Schutz. Aber ich mache das auch aus einem diebischen Vergnügen, mir bringt das einfach unheimlichen Spaß, eine These oder einen Sinnzusammenhang auf den Tisch zu stellen und ihn in der nächsten Strophe so zu zerbrechen, daß man keine Ahnung mehr hat, was Sache ist. Das Beste, was einem durch Kunst oder Musik widerfahren kann, sind Fragezeichen: Du meinst, du begreifst etwas, bist ganz nah dran, aber kriegst es doch nicht hin. Da wird was leergeräumt, da ist Platz in einem. Frage heißt, in Bewegung zu sein; Antwort heißt, zu stoppen. Wenn du die Antwort hast, bist du da. Die Frage ist der Weg, und deswegen: Fragezeichen erschaffen. Nichts total klar sagen, das machen andere schon genug, sondern ich stelle die Fragen auf und schaffe dadurch Platz. Ich räume auf.

Was bedeutet Musik für dich?
Musik ist Heroin für die Seele. Nicht zerstörerisches, sondern gutes, reines Heroin. Du mußt nicht auf den Strich gehen dafür, hast keine Beschaffungskriminalität, kriegst es an jeder Ecke, kannst

dich vollballern damit, und es hebt dich in verschiedenste Zustände. Du kannst dir Musik genau zurichten durch verschiedene Dosierungen, so wie du dir einen Drogencocktail machen kannst. Ich kann durch Musik aggressiv werden, traurig, glücklich, lustig – es ist eine Droge, wenn man so will.

Du engagierst dich sozial in Obdachlosenprojekten.
Es gibt „Die Mission" für Obdachlose, mit der wir ein Jahr lang in der Hamburger Innenstadt Aktionen gemacht haben. Das hat sich jetzt ein bißchen zerlaufen, weil ich mit der Platte so viel zu tun hatte, aber das war eine wichtige Zeit für mich.

Was ist der Antrieb für dieses Engagement?
Gerechtigkeitsempfinden. Ich kann diese abgekackte Schicki-Stadt Hamburg ab und zu nicht ertragen. Ich kann diese ganzen aufgemotzten reichen BMW-Typen in ihren neuen Schickiklamotten nicht leiden. Ich wohne am Rödingsmarkt, neben mir ist das Hotel Steigenberger, da wohnst du für drei-, vierhundert Mark in einer Suite, und darunter geht ein Fleetweg lang, und während die Reichen sich da oben das geile Dinner servieren lassen, erfrieren unten im Winter die Leute. Jeden Winter 1-2. So krass sind die sozialen Unterschiede. Und ich sehe das, und das bewegt mich. Ich habe ein extrem starkes Gerechtigkeitsempfinden und sehe eine extrem ungerechte Welt. In Hamburg gibt's über tausend Millionäre, jeder von denen hat mehr als eine Million auf dem Konto, viele zig Millionen. Ich glaube, sieben Prozent der Hamburger gehört über siebzig Prozent der Stadt, so sind die Dinge verteilt. In Deutschland gibt es über 14,5 Billionen Mark, die auf Festkonten und in Wertpapieren und Häusern festliegen. Damit kannst du wahrscheinlich ganz Afrika jahrelang ernähren. 80 Prozent der Weltbevölkerung lebt in Slums, die restlichen 20 Prozent leben auf Kosten der anderen, und viele von uns nehmen das noch nicht mal wahr! Ist das gerecht? Es gibt genug für alle auf der Welt, immer noch, selbst bei dieser unglaublichen Zahl von Menschen,

und trotzdem gibt es ganz wenige, die reißen alles an sich. Das finde ich unglaublich.

Du hast vorhin gesagt, daß die Welt eigentlich gut und klug eingerichtet ist.
Ja, vom rein Mathematischen her. Wie die Zellen zusammengekleistert sind, wie die Menschen aussehen, wie Ameisen laufen können, wie der Wind weht, all das ist sehr klug gemacht. Aber das, was die Menschen draus machen, ist verkackt.

Dieses Problem thematisierst du auf „Love School Hamburg", wo du dann dazu aufforderst, die Vermieter in einem Akt der Enteignung aus den Häusern „rauszuschmusen".
Erst mal bezieht sich das auf „Dead School Hamburg" von den Goldenen Zitronen, den Titel fand ich kokett, deswegen mußte ich was dagegensetzen. Und zum zweiten meine ich das mit der Enteignung natürlich ernst: Ich wäre sofort dafür, allen, die mehr als eine Million haben, den ganzen Rest wegzunehmen und das an die Armen zu verteilen. Ich glaube aber, daß Gewalt niemals das richtige Mittel ist, und aus dieser ausweglosen Situation – „Was gibt's denn für einen Weg, die zu enteignen?" – hab ich mir dann den Scherz gemacht. Weil mir auch gerade nichts Besseres einfiel. Obwohl ich natürlich nicht ernsthaft eine Love School Hamburg initiieren will.

Viele, die wie z.B. Blumfeld für das Politische standen, gehen jetzt ins Private; du läufst dem entgegen.
Ja, das ist komisch. Ich bin in manchen Dingen ein paar Jahre voraus, und in anderen, was z.B. mein politisches Erwachen anbelangt, ein paar Jahre hinterher. Ich habe mit dieser Platte quasi mein „L' ETAT ET MOI" gemacht. Also das, was meine Beziehung zum Staat angeht, das konnte ich vor vier Jahren noch nicht so ausdrücken. Da war ich am Thema Kunst dran, jetzt bin ich näher am Thema Politik. Bei mir kam das eben erst jetzt.

Das ist also nicht bewußt in irgendeiner Beziehung zur gesellschaftlichen Entwicklung...
Bei mir ist das die persönliche Entwicklung, aber abgesehen davon finde ich die gesellschaftliche Entwicklung auch äußerst bedenklich. Seit dem Fall der Mauer geht es ganz offensichtlich immer stärker nur noch um Geld, Super-Kapitalismus, die totale Verkäuflichkeit, den hundertprozentigen Service, und ich finde, dabei kackt die Welt total ab. Auch gerade dieses Land hier, deswegen war es für mich quasi zwangsläufig, daß ich diese Platte machen mußte, diese Begriffe zurückrufen mußte.

Im Innencover bietest du ja deinen Körper zur Vermarktung per Werbetätowierung auf die nackte Haut an. Kritik am totalen Selbstverkauf?
Da ist Verschiedenes. Auf jeden Fall Kritik am totalen Ausverkauf wie bei Michael Schuhmacher: Jeder Teil des Körpers ist nur noch Verkaufsfläche.
Es entspricht so'n bißchen der Idee von sozialer Kunst. Kunst, die sich – in was für einer Form auch immer – mit sozialen Realitäten auseinandersetzt: heutzutage undenkbar, vollkommen unverkäuflich, total unsexy – so sieht der Kunstmarkt das – kotz. Deswegen haben wir ja auch bei der „Mission" mitgemacht, da ging es oft um solche Angelegenheiten. Horten, Kaufhof und Karstadt haben uns Klamotten für die Mission gegeben, und dann sind wir mit den Obdachlosen zusammen auf die Straße gegangen und haben die Klamotten verkauft. Und mit dem Geld sind wir dann zurück zu Horten und Kaufhof gegangen und haben es zurückgespendet, um denen zu helfen, durch die harte Zeit des Winterschlußverkaufes zu kommen, weil die Gewinne da ja wahrscheinlich durch die tiefen Preise etwas zurückgehen. Das Ganze hieß: „Ein Handschlag von unten nach oben – Obdachlose helfen Großindustriellen". Das sind so Aktionen gewesen, die ähnlich funktionieren. Wenn du so willst: soziale Kunst.

Oliver Schneider
– Such A Surge

„Harmonie

und

Hoffnung"

Siehst du dich als religiösen Menschen?
Ich glaube, dazu müßte man halt erst einmal Religion für sich selbst definieren.
Also, Religion hat ja auf jeden Fall etwas mit Glauben zu tun. Ich *glaube* schon, und das ist auch total wichtig, finde ich. Mein Glaube hat jetzt allerdings nicht unbedingt mit der Bibel zu tun, insofern bin ich jetzt kein kirchlich religiöser Mensch, sondern für mich hat eigentlich Religion oder Glauben einfach sehr viel mit Leben zu tun. Da gibt es sehr viele zwischenmenschliche Sachen:

Familie z.B., Freundschaft oder auch der Glaube an sich selbst. Vor allem halt der Glaube daran, daß es irgendwie weitergeht.
Harmonie ist das passendste Wort, das ich mit Religion in Verbindung bringen würde: Wenn ich's irgendwie hinkriege, daß ich mit den meisten Sachen harmonisch lebe – „im Einklang mit der Welt", so banal das klingt –, dann ist es für mich eigentlich das, woran ich glaube: daß es mir dann gutgeht und daß ich dann viel vom Leben habe.

Glaubst du auch an eine tiefere Grundwahrheit, an irgend etwas Göttliches?
Ja – es ist halt schwierig, das in Worte zu fassen, weil es den eigenen Horizont auf jeden Fall weit überschreitet. Ich glaube z.B. nicht, daß es eine Macht gibt, die Verantwortung übernimmt oder die handelt; die z.B. für den Zustand der Erde oder für den Zustand der Menschheit verantwortlich ist.
Ich glaube, daß die Menschheit auf jeden Fall selbst dafür verantwortlich ist, daß es nicht irgendwie vorbestimmt ist oder in irgendeiner Bahn läuft, die sich ein überirdisches Wesen ausdenkt.
Auf der anderen Seite ist ja im Prinzip alles überirdisch, was wir uns nicht vorstellen können, und ich halte die Menschheit an sich nicht für besonders schlau. Die Physik, die Chemie, Atome und so, das checken wir schon alles, aber ich bin mir sicher, daß es noch viel, viel mehr gibt, von dem wir überhaupt nichts wissen und gar keine Ahnung haben.

Sagst du dir rational: „Es muß einfach noch mehr geben", oder ist das auch so, daß du manchmal ein religiöses Erleben hast, wo du z.B. in bestimmten Situationen oder Naturerlebnissen spürst: „Ja, es muß doch irgendwie mehr geben als das, was wir hier so sehen"?
Ja klar, es gibt schon so Sachen, wo man sich in besonderem Maße spirituell fühlt ...
Aber ich weiß jetzt nicht, ob ich, wenn ich z.B. ein super Gewitter sehen würde, sagen würde: „Hey, das ist jetzt irgendwie göttlich."

Das ist so 'ne Naturgewalt, und da ist man schon sehr beeindruckt, aber im Endeffekt ist es halt doch immer noch erklärbar. Auch selbst zu erleben, wie man sein eigenes Kind nach der Geburt das erste Mal im Arm hält – das stelle ich mir auch sehr, sehr beeindruckend vor, und da kriegt man sicher auch solche Gefühle. Aber im Prinzip ist auch das irgendwie erklärbar.

Es ist mir eigentlich noch nicht passiert, daß ich wirklich das Gefühl gehabt hätte: „Das ist nicht von dieser Welt, das ist irgend etwas anderes." Ich habe schon ab und zu so'n spirituelles Gefühl, aber ich bin dann nicht so überwältigt, daß ich dann plötzlich anfange, an Gott zu glauben.

Würdest du also sagen, du glaubst nicht an Gott?
Das ist auch schwer, da müßte man erst mal definieren: „Was ist Gott?" Und am ehesten gefällt mir, wenn man sagt, daß Gott überall und in allem ist – Gott als das, was die Dinge zusammenhält. Nicht eine außerirdische Macht, sondern eher ein Netzwerk der ganzen Sachen.

Bist du kirchlich erzogen worden?
Gut, ich war beim Konfirmandenunterricht, aber das habe ich durchgezogen, weil ich wußte, daß es da von vielen Verwandten viel Geld gibt und ich mir dann 'ne Stereoanlage kaufen konnte. Mit der Bibel an sich konnte ich nie so richtig viel anfangen. Ich weiß heute einfach auch zu wenig über die Bibel, könnte jetzt auch nicht sagen, was genau da drin steht. Im Konfirmandenunterricht fand ich es immer interessant, wenn es um Sachen ging, die für mich greifbar sind; sobald es überirdisch wurde, waren das eben nicht mehr meine Erfahrungen. Damals ist das völlig an mir vorbeigegangen, und jetzt setze ich mich damit nicht richtig auseinander.

Wenn Menschen in die Kirche gehen, dann halte ich das für 'ne gute Sache. Aber da ist für mich nicht die dahinterstehende Religion ausschlaggebend, sondern daß die Menschen da zusammen

Zeit verbringen und hoffentlich an gute Sachen glauben. Ich glaube eher, daß es gut für die Menschen ist, wenn sie in der Kirche sind und wenn sie beten, als daß diese Gebete auch erhört werden. Es kann gut sein, daß auch ich vielleicht in zehn Jahren jeden Sonntag in die Kirche gehe und in der Bibel lese, nur im Moment habe ich da keinen Bezug zu. Ich könnte daher z.B. auch nie sagen, was jetzt das Problem der Kirche ist.

Siehst du praktizierte Religion dann als eine Art psychologische Hilfe?
In meinen Augen ist sie das, ja. Ich halte das auch für wichtig. Aber ich selbst habe zur Kirche eben keinen Bezug. Was die Menschen da erleben – zusammensein, Hoffnung schöpfen – mache ich anders. Dennoch wäre ich vorsichtig, die Frage nach dem Glauben an Gott mit Nein zu beantworten. Das ist zu endgültig. Am wohlsten fühle ich mich zu sagen: „Ich glaube", aber bei dem Wort „Gott" komme ich so'n bißchen ins Schwanken.

Wie setzt du dich mit religiösen Fragen oder „den Fragen des Lebens" auseinander?
Eigentlich auf eine ganz banale Art: indem ich lebe und versuche, das immer wieder zu hinterfragen. Und auch versuche, einen Input vom Leben zu kriegen, Informationen. Einfach die Erfahrungen analysieren, und diese Fragen beantworten sich dann irgendwann von selbst.

Glaubst du, daß man irgendwann für sein Leben zur Verantwortung gezogen wird?
Wenn ich an die Gemeinschaft denke: ja, auf jeden Fall, siehe Umwelt, Kriege etc. Ich glaube aber nicht, daß z.B. ein Mörder, dessen Tat Zeit seines Lebens nicht aufgeklärt wurde, später von einer überirdischen Kraft zur Verantwortung gezogen wird.

Das heißt im Prinzip, es gibt keine Gerechtigkeit.
Gerechtigkeit gibt es schon, aber ich denke, es gibt niemanden, der richtet.
Das hat ja mit dieser Vorstellung von Himmel und Hölle zu tun, aber wenn es nach dem Tod noch so etwas wie ein Bewußtsein gibt, dann glaube ich nicht, daß das so selektiert wird: „Du warst böse, also geht es dir schlecht, als Energie oder Geist oder sonstwas." Aber das hat natürlich auch wieder 'ne Kehrseite – wenn der Geist nicht so sterblich ist wie der Körper, dann könnte ich mir vorstellen, daß der Geist eines schlechten Menschen irgendwo nicht so gut geht – aber nicht aus Strafe, sondern aus Einsicht. Daß er irgendwann mit sich selbst ein Problem bekommt.

Glaubst du an Gut und Böse?
Absolut. Ich glaube, daß in jedem Menschen beides vorhanden ist und sich das immer wieder versucht auszugleichen.

Inwiefern „auszugleichen"?
Daß man Ausgeglichenheit anstrebt. Ein Glücksgefühl hält ja nicht ein Leben lang an, sondern auch glückliche Menschen sind irgendwann todunglücklich. Und ich glaube auch nicht, daß es Menschen gibt, die nur gut sind.
Jeder Mensch hat z.B. ein Aggressionspotential, das sich ja nicht unbedingt in Gewalt äußern, aber immer ausgeglichen werden muß. Manche Menschen meditieren, andere machen Kampfsport, um ihre Aggressionen zu kompensieren.

Erlebst du so etwas bei Konzerten?
Absolut. Das ist eine sehr emotionale Sache, nicht nur von dem, was aus einem rauskommt, sondern auch von dem, was man aufnimmt. Das ist mit Sicherheit ein Ausgleich für viele Sachen. Auf der anderen Seite gibt es auch Waagschalen, die dadurch sehr entleert oder nach unten gedrückt werden. Nach einer Tour ist man immer in so'm Strudel drin. Gerade weil unsere Musik ziem-

lich abgeht und auch aggressiv ist, fühle ich mich nach einem Konzert schon sehr ruhig und entspannt. Aber nach der Tour kommt dann auch wieder Einsamkeit hoch, obwohl man vielleicht gar nicht alleine ist. Man bekommt jeden Abend Applaus und Anerkennung, und dann ist man zu Hause und denkt sich: „Puh, hab ich mich da wohl gefühlt!"

Wie wichtig sind dir textliche Aussagen? Gerade im HipHop erschöpft sich das ja mitunter im Palaver über Rhymes & Skills ...
Was die Rapper unter Skills verstehen, das hat man einfach oder auch nicht. Ich glaube nicht, daß man das antrainieren kann. Und bei Leuten wie MC Rene oder Spax hört man, daß die das einfach im Gefühl haben. Und beim Inhalt ist es, glaube ich, genauso: Es gibt halt Leute, die einfach spontan drauflosreden und für die das auch okay ist, und es gibt andere, die sich den Kopf zerbrechen und versuchen, ihre Gedanken so in Worte zu fassen, daß es mehr ist als eben nur gesprochen.
Ich strebe halt an, das so'n bißchen zu vermischen. Ich glaube zum einen, daß es sehr wichtig ist, daß ich keinen Scheiß labere und das nicht nur heiße Luft ist, und zum anderen glaube ich, daß man sich das auch bewahren muß, ein bißchen lockerer zu bleiben. Ich würde von mir selbst nicht sagen, daß ich wirklich sehr tiefe oder poetische Texte schreibe, sondern ich versuche, das immer noch ein bißchen spontan zu lassen, so daß das auch einen relativ normalen Spirit hat. Ich halte mich nicht für'n Poeten, und da gab's in meinen Augen auch nur sehr wenige von, die das musikalisch vertont haben.

Von der ersten Maxi an sind bei Such A Surge ja politisches Engagement und – wie bei „Leave me alone" – Gedanken über Tod bzw. Selbstmord zu finden.
Das sind Gedanken, aber im Prinzip recht irdische, bodenständige Sachen; nichts total Abgespacetes.

Möchtest du etwas Bestimmtes vermitteln, oder ist das reine Unterhaltung?
Wenn ich einen Text schreibe, denke ich nicht so entertainermäßig, sondern schreibe auf, was ich denke und fühle. Was das dann im Endeffekt im Zuhörer auslöst, weiß ich in dem Moment nicht. Und das ist bestimmt auch breit gefächert: Manche fühlen sich von der Musik einfach nur unterhalten und wollen dazu abgehen, und es gibt bestimmt auch welche, die auf die Texte hören und denen das was sagt.

Das Video zu „Nie mehr Lovesongs" ist in einer Kirche gedreht.
Das war ein Vorschlag, der von der Produktionsfirma kam. Wir bekommen meistens Vorschläge von Leuten, die eine Idee zur visuellen Umsetzung eines Songs haben, und suchen uns dann die in unseren Augen passendste aus. Der Clip zeigt einfach Dinge, die im Leben passieren können: Man sieht gute Sachen wie totale Verliebtheit und Schwangerschaft, aber auch Tiefschläge, das Auseinanderbrechen. Treue wird in Frage gestellt. Und diese Heirat mit dem Vertrag, den man unterschreibt, daß man sein Leben lang zusammenbleiben will ... wie stark die Liebe wirklich ist, wenn man durch solche Situationen geht, kann man vorm Traualtar noch nicht wissen.

Man muß Optimist sein?
Optimismus finde ich nicht verkehrt. Wenn man nur daran denkt, daß irgendwann alles den Bach runtergeht, wird man irgendwann auch die Kraft verlieren, die man braucht, damit das eben nicht passiert. Von daher glaube ich schon, daß Hoffnung im Leben eine sehr große Rolle spielt.

Worauf stützt sich so eine Hoffnung? Wie im Video, wenn das Kind stirbt oder Partnerschaften auseinanderbrechen ...
Wenn das eigene Kind stirbt, das ist einfach sehr heavy. Und es kann auch sein, daß ich daran zerbreche. Als ich zehn war, ist

mein Vater gestorben, aber da war ich durch den Rest meiner Familie noch so behütet, daß ich selber da nicht so viel Kraft brauchte. Ich bin dann eben ohne Vater zurechtgekommen. Heute wäre das anders, ich könnte nicht sagen, wie's dann weitergeht, wie stark man wirklich ist. Aber aus den Erfahrungen, die ich bisher gesammelt habe, habe ich das Gefühl, daß ich schon ein bißchen stärker bin, wenn ich aus so'm Tief wieder hochkomme. Das Leben trainiert einen ja.

Ihr wart ja mit Herbert Grönemeyer auf Tour, dessen Frau und Bruder kurz danach binnen einer Woche an Krebs gestorben sind. Was sagt man so einem Menschen?
Im Prinzip kann man nur hoffen, daß er nicht daran zerbricht, sondern die Kraft hat, daß sein Leben weitergehen kann. Das ist ganz schlimm, keine Frage – und auch pervers, daß das so in die Öffentlichkeit gezogen wird.
Im Grunde genommen ist das ja normal; es passiert einfach, Menschen sterben an Krebs. Oder der Rest der Familie fährt in den Urlaub und verunglückt, während du zu Hause sitzt. Der Tod ist allgegenwärtig. Aber ich glaube nicht, daß es Herberts vorherbestimmtes Schicksal war, daß seine Frau und sein Bruder sterben. Ich glaube nicht an eine Vorhersehung in dem Sinn, sondern ich denke, das ist einfach Zufall.

Oft fragt man sich ja gerade in solchen Situationen nach einem Sinn. Was ist in deinen Augen der Sinn des Lebens?
Da habe ich jetzt noch keine Antwort drauf – vielleicht, wenn ich alt und grau bin... Ich weiß nicht, ob ich eine Aufgabe habe ... oder welche – keine Ahnung.

In „Ideale" geht es ja um Verantwortung, Selbstbestimmung, Mündigwerden und Werte. Woran machst du Werte fest: Gibt es feste Werte, oder schafft sich jeder Mensch die in seiner Mündigkeit selbst?
Ich denke, daß nur ich für mein Leben verantwortlich bin. Es dau-

ert ja eine Zeit, bis man überhaupt eine Vorstellung von seinem Leben hat. Ich bin ja auch immer auf der Suche und weiß noch nicht, was ich in zehn Jahren mache. Es ist wichtig, daß man das auch zuläßt und noch hungrig ist. Das klingt blöde, weil jeder ja auch arbeiten und für sein Auskommen sorgen muß, aber diese Frage muß man sich immer wieder stellen: Was ist eigentlich mein Anspruch an das Leben, was will ich eigentlich? Was macht mir Spaß, was erfüllt mich? Was sollte ich lieber lassen? Und im Prinzip eben immer diese Harmonie anstreben. Wobei dieses Harmonieverständnis über mich hinausgeht und nicht rein egoistisch zu sehen ist.

Maxi Jazz
– Faithless

„Meine eigene Kraft"

Du sagtest mir einmal, der Bandname Faithless sei eine Metapher für die Menschen, die ihr zu erreichen sucht. Was ist die Botschaft, die ihr vermitteln wollt?

Ich bin Nichiren-Daishonin-Buddhist. Diese Richtung ist erst vor 700 Jahren entstanden, es ist eine sehr praxisorientierte Lehre. Du mußt dafür nicht in ein Kloster oder einen stillen, abgeschiedenen Ort gehen, von daher unterscheidet sie sich von vielen anderen buddhistischen Lehren. Ich habe davon sehr viel für mein praktisches Leben gelernt. Meiner Ansicht nach ist die geistige die eine und die physische, die materielle, die andere Seite der Münze; sie ergeben nur zusammen Sinn. Jede spirituelle Übung, die ich mache, muß auch einen Nutzen für mein praktisches Leben haben, andernfalls verschwende ich nur meine Zeit. Das wäre, wie zur Massage zu gehen und sich hinterher nicht besser zu fühlen.

Die Dinge, die ich durch diese Form des Buddhismus gelernt habe, sind sehr praktische Dinge des Lebens. Zum Beispiel die Tatsache, daß meine Umgebung das Spiegelbild davon ist, wer oder was ich innerlich bin. Vor fünf oder sechs Jahren war ich extrem frustriert und unzufrieden und war auch die ganze Zeit von genau solchen Leuten umgeben. Und dann, als ich entspannter und gelassener wurde, als ich begann, auch meine guten Seiten zu sehen, begann ich auch die guten Seiten anderer zu erkennen. Die ganzen negativen Typen verschwanden, und ein Haufen frischer Leute tauchte auf. Meine ganze Welt veränderte sich.

Ich habe in diesem Sinne also die Kontrolle über mein eigenes Leben. Und das möchte ich in meinen Texten auch all denen sagen, für die das Leben jenes große, riesige Ding ist, das sie zu erdrücken droht. Genauso habe ich mich auch gefühlt. Aber jetzt bin ich, ist mein Leben selbst dieses riesige, großartige Ding. Und mit meinem Wissen kann ich die ganze kreative Kraft des Lebens an sich auch in meinem eigenen Leben manifestieren.

Und das möchte ich auch in meinen Texten rüberbringen. Nicht jeder wird es verstehen, klar, aber ein paar schon, und ich denke, das ist es wert. Es ist fast eine Art Dankbarkeit, denn die Weisheit, die ich durch diesen Glauben gewonnen habe, reicht, um mich bis zum Ende meines Lebens glücklich zu machen. Denn der Grund, warum ich glücklich bin, ist nicht, daß ich ein Popstar bin, sondern ich denke, ich bin ein Popstar geworden, weil ich glücklich und zufrieden war. Weil meine Einstellung der Welt gegenüber einfach großartig war. Bevor das mit Faithless passierte, hatte ich vier andere Bands, mein absolutes Lieblingsauto, konnte mir jede Woche Platten kaufen, hatte schlichtweg ein tolles Leben! Ich habe mir nie gewünscht, ein Popstar zu werden, ich dachte nie daran, daß das je möglich wäre, daß wir jemals so viele Platten verkaufen könnten. Aber das spielte auch keine Rolle, denn ich war mit meinem Leben zufrieden.

In „Reverence" nennst du dich „The Grand Oral Disseminator"; fühlst du dich auf einer Art göttlichen Mission?
Ja, definitiv. Um ehrlich zu sein: Ich war auch ein bißchen enttäuscht, mit dem Stück nicht eine größere Kontroverse ausgelöst zu haben. Denn ich nenne mich dort den *Grand Oral Disseminator*, und die Initialen davon sind G-O-D, also Gott. Und genau das glaube ich: Gott und der Teufel existieren in mir selbst und nirgendwo sonst. Kein Gott im Himmel und kein Teufel in irgendeiner unterirdischen Hölle. Wenn du dir die Dinge ansiehst, die Menschen in Jugoslawien einander angetan haben, siehst du, daß der Teufel im Herzen der Menschen existiert. Und wenn du dir Mahatma Gandhi oder Martin Luther King anguckst, siehst du, daß auch Gott im Herzen der Menschen existiert. Ich würde gerne diese Vorstellung loswerden, daß man nur herumsitzen muß, beten und ein guter Mensch sein, und dann wird dieser mythische Gott alles für mich richten. Unsinn. Ich muß meine eigene Göttlichkeit zum Tragen bringen, meine eigene spirituelle Kraft, um die Situationen in meinem Leben zu beeinflussen.

Gott und der Teufel sind demnach Metaphern für innere Kräfte, die du selber wählen oder kontrollieren mußt?
Genau. Der Daishonin sagte einmal, die Menschen würden immer sagen, Gott habe den Menschen geschaffen; es sei aber genau umgekehrt: Der Mensch hat Gott geschaffen. Und ihn sozusagen mit all seinen höheren Kräften, seinen Ideen usw. ausgestattet.

Also als einen Versuch, die menschliche Natur zu verstehen und zu erklären?
Ich denke, der Mensch schuf Gott als eine Art Verneinung seiner eigenen Menschlichkeit. Seiner eigenen Kraft. Und er hat diesen mythischen Gott mit all der Macht ausgestattet und ihn hoch in den Himmel gehoben, so wie es Priester definitiv gemacht haben. Einfach weil Priester selbst auch nur Menschen sind. Und viele von ihnen sind von den Gaben anderer Menschen abhängig. Da-

mals, als Staat und Kirche Hand in Hand gearbeitet haben, galt das Interesse leider mehr dem Erlös von Geld und der Unterdrückung der einfachen Menschen als ihrer geistigen Aufrichtung. Gott wurde von manchen Leuten als Druckmittel benutzt, damit andere ängstlich an dem ihnen zugewiesenen Platz blieben, anstatt ihr wahres Potential zu entfalten.

Man sagt, wir Menschen nutzen nur ein Zehntel unseres Bewußtseins. Und in den verbleibenden neun Zehnteln sind wir als Individuen mit allen anderen Individuen verbunden, mit jedem anderen lebenden Wesen. Das Leben ist eine Einheit. Und wenn du darauf in der ganzen Tiefe vertraust, kannst du aufregende Dinge geschehen lassen. Sehnsucht ist ein Antrieb, eine Ursache. Und wenn du eine tiefe Sehnsucht verspürst und Tag für Tag dafür arbeitest, wirst du auch die Wirkung erreichen. Und zwar sehr spektakulär. Es scheint immer aufgrund irgendeines komischen Zufalls zu geschehen, aber es ist kein Zufall. Denn wenn du etwas herbeisehnst, durchläuft diese Sehnsucht alle vier Ecken der Welt und beginnt, Menschen und Situationen zu beeinflussen. Eine Situation wird sich entwickeln und irgendwann für dich bereit sein, und dann wirst du sagen: „Hey, ich wollte immer schon Musiker sein, und jetzt bin ich einer!"

Wie meine Mutter immer sagte: „Sei vorsichtig, was du dir wünschst, denn du wirst es kriegen!" Das ist ein grundlegendes Verständnis von Ursache und Wirkung. Wenn du eine Ursache begründest, bekommst du die Wirkung.

Eine andere Botschaft, die ich verbreiten möchte, ist: „Verzweifle nicht! Gib niemals auf!" Denn Ursache und Wirkung existieren real, genauso wie die Schwerkraft. Eine schlechte Ursache bewirkt einen schlechten Effekt. Wenn du schlechte Beziehungen zu deiner Freundin, deinem Partner oder deinem Boß pflegst – mach nicht sie dafür verantwortlich. Sieh dich selbst an: Wenn du fortwährend dieselbe Wirkung erhältst, muß das sein, weil du die schlechte Ursache begründest. Ändere die Ursache, und du änderst die Wirkung.

Die Zeile "You'll never escape from your fate" bezieht sich demnach nicht auf ein vorherbestimmtes Schicksal...
Ich meine damit das Schicksal, das du dir selber schaffst. Daher heißt es auch weiter: *The mistake is to take without giving.* In anderen Worten: Das Schicksal, das du dir als selbstsüchtiger Miesling bereitest, ist schrecklich. Du kannst ihm nicht entfliehen. Wenn es ihnen schlecht geht, denken viele Leute: "O Gott, ich muß in meinem letzten Leben wirklich schlecht gewesen sein, um so ein Karma zu bekommen!" Aber ich denke, am hilfreichsten ist es, über das Heute und Morgen nachzudenken. Es ist also egal, was gestern war. Die Ursachen, die ich heute begründe, bestimmen die Wirkung morgen. Wenn ich die Dinge von heute an anders mache, werden die Folgen morgen anders sein. So habe ich immer die Kontrolle. Egal, welche Fehler ich in der Vergangenheit gemacht habe, ich kann sie heute korrigieren, meinen Kopf klarkriegen und anfangen, den richtigen Weg zu gehen.

Wenn dir also etwas Schlechtes widerfährt – ein Unfall, eine Krankheit –, würdest du sagen: "Guck nicht zurück, versuche, das Beste aus der Situation zu machen!"?
Absolut. Einer der Schlüssel in bezug auf das Verständnis von Ursache und Wirkung ist, daß das Leben ein kontinuierlicher, unendlicher Prozeß ist. Der Buddha sieht das Leben als ewig und unendlich an, und Leben und Tod sind zwei Phasen, wie arbeiten und schlafen: Du kommst müde von der Arbeit, legst dich schlafen und wachst am nächsten Morgen wieder frisch auf. Du bist erholt, aber immer noch dieselbe Person mit denselben Idealen, denselben Prinzipien. Du bist hungrig und beginnst den neuen Tag. Genauso ist es mit dem Tod: Bei deinem Tod versinkt die Person, die du bist, wieder im Universum. Du hast immer noch ein Bewußtsein, aber keinen Körper. Und wenn die Ursachen und Bedingungen für deine Wiedergeburt gegeben sind – wirst du wiedergeboren.
Wenn ich sterbe und wiedergeboren werde, werde ich immer noch derselbe Mensch sein, den du jetzt vor dir siehst; außer, daß

ich vielleicht ein Mädchen bin oder in Tunesien geboren werde. Aber ich werde immer noch gerne schnell fahren. Immer noch HipHop lieben.

Die klassische theologische Frage ist die nach der Existenz Gottes und der Existenz von Leid.
Positives und Negatives existiert Seite an Seite. Es gibt keine absolut schlechte Situation. In dem, was du als negative Situation wahrnimmst, gibt es ein gleiches Maß an positivem Potential. Und indem ich das Positive suche, wird es sich mir eröffnen. Indem man im Negativen das Positive sieht, verändert man es. Für jede miese Situation, in der ich jemals war – und ich war in einigen –, bin ich heute dankbar. Denn das, was ich in dieser Situation gelernt habe, hätte ich nirgendwo sonst gelernt.
Wir werden zwar als Mensch geboren, aber Menschlichkeit ist nur ein Potential in uns. Du mußt es zum Vorschein bringen, in deinem Leben manifestieren. Wenn du z.B. stark sein willst, mußt du Liegestütze oder andere Übungen machen. Liegestütze sind anstrengend, sie schmerzen. Wachsen ist anstrengend, es schmerzt. So einfach ist das. Aber wenn du dich einmal zum Trainieren entschieden hast, wirst du morgens aufwachen und deine Arme tun dir weh, aber es ist ein guter, ein Wachstumsschmerz. Du kannst also unterscheiden zwischen gutem und schlechtem Schmerz, das ist eine Sache der Perspektive. Und letzten Endes sehe ich allen Schmerz als guten Schmerz an; ich denke, um dem Leben das Beste abzugewinnen, muß man geradezu fanatisch positiv eingestellt sein.

In der Zeile „Thou shalt have no other God but me" zitierst du das erste Gebot, deutest es aber um.
Ja, ich sage: Mein Gott existiert hier in meinem Herzen. Und er sagt mir: Du sollst keinen anderen Gott haben, nicht dort oben und nicht da drüben – es ist alles hier drin! Und wenn du an mich glaubst, kann ich dein Leben brillant machen!

Glaubst du, daß die verschiedenen Religionen im Grunde Reflexionen ein und derselben Sache sind?

Ich denke, jede Religion trägt ein Stück Wahrheit in sich. Aber es gibt da auch den großen Fehler, anderen Menschen zu sagen, die größte Kraft ihres Lebens läge außerhalb ihrer selbst – schrecklich! Denn du raubst ihnen damit so viel Menschlichkeit, so viel Kraft, sich und ihre Möglichkeiten zu entfalten, sich zu befreien. Es gibt Millionen von Menschen in ganz miesen Umständen, und alle verlassen sich auf Politiker, Priester und diese mythische Figur, die nicht einmal existiert. Und so leiden sie weiter.

In den letzten fünf oder sechs Jahren, in denen ich Buddhismus studiert und praktiziert habe, haben sich innerlich und äußerlich phänomenale Veränderungen ergeben. Und viele Leute sagen: „Okay Max, super, daß es für dich funktioniert", aber es funktioniert für alle – egal, ob du schwarz oder weiß, männlich oder weiblich, ein Kind oder erwachsen bist. Es ist eine Praxis, die die Essenz des Lebens schlechthin, die Essenz deines Lebens berührt. Und im tiefsten Teil deines Lebens bist du mit meinem verbunden.

Ich versuche es zusammenzufassen: Der Daishonin sagt: „Der einzige Unterschied zwischen dir und einem Buddha ist, daß der Buddha weiß, daß er ein Buddha ist, und ein gewöhnlicher Sterblicher sich für einen gewöhnlichen Sterblichen hält." Wenn ich glaube, daß ich ein Buddha bin, als Buddha geboren wurde und als Buddha sterben werde, werde ich für immer Buddha-Beschaffenheit haben. Ich berufe mich nicht auf okkulte Kräfte, sondern nur auf Kräfte, die wir Menschen ganz tief in uns tragen.

Was ist für dich der höchste Wert?
Menschlichkeit. Das höchste Ideal ist, meine eigene Schönheit wahrzunehmen. Meine eigene Kraft, meinen eigenen Wert. Denn ich kann deinen nicht sehen, bevor ich nicht auch meinen eigenen sehe. Daher denke ich, eines der höchsten Dinge, die ein Mann oder eine Frau anstreben kann, ist, sich wahrhaft und wirk-

lich zu lieben und für sich zu sorgen. Denn sobald sie einen Zustand erreicht haben, in dem sie sich selber lieben und für sich sorgen, werden sie auch völlig selbstverständlich alle anderen lieben und für sie sorgen. Denn wenn du dich selber wirklich kennenlernst, kennst du automatisch auch alle anderen. Auch wenn du andere Eltern hast, anders aufwächst, woanders lebst. Wir alle weinen, wenn wir verletzt werden, und wir alle lachen, wenn etwas witzig ist. Wir reagieren alle menschlich.

Weil die Erkenntnis deiner selbst auch die Erkenntnis dieser grundlegenden Verbindung zwischen allen Menschen ist?
Absolut. Ich bin 1974 zu einem Bob Marley-Konzert gegangen, eine phantastische Show, ich werde es nie vergessen. Ein unglaublicher Performer, und die Atmosphäre dort mit 3000 Leuten – ich hasse es, das Wort „elektrisch" zu benutzen, aber genau das war's. Ein Kribbeln rauf und runter. Alle singen: „Get up, stand up..." Die Halle ist überfüllt, ich stehe da und tanze für mich alleine, inmitten all der Leute, und plötzlich – bang – schießt es mir durch den Kopf: „Ich muß näher ran." Und ich tanzte – und begann zu gehen. Und nach drei oder vier Schritten merkte ich: „Warte mal, Sekunden zuvor war die Halle überfüllt, ich konnte mich kein Stück bewegen." Alle bewegten sich auf einmal, 3.000 Leute. Gleiche Geschwindigkeit, gleicher Schritt. Als ich merkte: „Ich muß näher zu diesem Mann", merkten das auch alle anderen. Zur selben Zeit. Und da habe ich zum ersten Mal wahrgenommen, daß wir alle verbunden sind. Metaphysisch, aber dennoch real. Und wenn du um diese Realität weißt und sie anwendest, kannst du unglaubliche Dinge erreichen. Du kannst Herzen verändern. *You can make flowers grow on hearts of stone,* wie ich in „Take the long way home" sage. Weil Menschen ein schlechtes Selbstbild haben, haben sie auch ein schlechtes Bild vom Rest der Menschheit, denn sie selbst sind ihr einziger Bezugspunkt.
„Liebe deinen Nächsten" – du kannst deinen Nächsten nicht lieben, wenn du nicht auch dich selbst liebst. „Liebe dich selbst, und

dann wirst du deinen Nächsten erkennen." Dann wirst du fähig sein, ihn zu lieben.

Es ist demnach deine eigene Verantwortung, dir deiner selbst bewußt zu werden, zu versuchen, Herzen zu verändern und dein Wissen an andere weiterzugeben.

Das ist genau, was der Buddha tat. Als 19jähriger konnte er dieses Übermaß an Leiden in der Welt nicht glauben. Er wollte das näher herausfinden, gab alles auf, ging in die Welt hinaus und wurde erleuchtet, wie die Welt funktioniert. Dann hat er fünfzig Jahre lang versucht, Leuten ein neues Verständnis von der Welt zu vermitteln.

Und das ist auch meine Aufgabe, und die Aufgabe von jedem, der auch nur halbwegs eine Ahnung davon hat, wie er sich selbst und die Gesellschaft verbessern kann. Dann, denke ich, ist es seine moralische Pflicht, dies weiterzugeben. In dieser Hinsicht geht es darum, sich dieser Sache zu widmen, anstatt bloß ein Rapper zu sein. Ich benutze meine Musikalität und alle anderen Gaben, über die ich mit dem gesprochenen Wort verfüge, um die Herzen der Menschen zu erheben, zu wärmen und etwas Wissen und Weisheit zu verbreiten – das können die Leute annehmen oder ablehnen, wie sie wollen. Aber für mich geht es darum, mein Wissen so vielen Menschen wie möglich anzubieten. Wenn sie alles andere versucht haben und das Leben hart wird, können sie es ausprobieren, und ich weiß, wenn es funktioniert, werden sie angeregt, weiterzufragen. Wenn ein Mensch erst einmal auf den Weg gekommen ist – das reicht, ich kann mich zurücklehnen. Wenn jemand angefangen hat, die Wahrheit über seine Umgebung zu suchen, mache ich mir keine Sorgen mehr, denn er wird sie finden.

Das ist der natürliche Lauf der Dinge. Denn das, was du suchst, existiert bereits in deinem Leben; du wirst dort hingeführt werden. Über Vorträge, Bücher, irgend etwas – letzten Endes kommst du nach Hause, zu dir selbst. Manche Leute fahren nach Indien, Thailand oder Indonesien, um den Buddhismus zu finden. Und letzten

Endes kommen sie immer bei sich selbst an, in ihrem Herzen. Es gibt gar keinen Grund, deswegen irgendwo hinzugehen. Auch nicht in ein Kloster zum Meditieren. Du kannst „Nam Myoho Renge Kyo" rufen, und deine Buddha-Beschaffenheit kommt sofort hervor. Dann beginnst du, Veränderungen in deinem Leben festzustellen. Synchronizität, Dinge, die du nie für möglich gehalten hättest. Wenn du erst mal im Rhythmus bist, wenn du diese Form des Buddhismus praktizierst, gelangst du in Harmonie mit allen Naturkräften. Und all deine Ursachen und Wirkungen werden sozusagen gereinigt und wirken – schnell!

Ich wollte unbedingt so vielen Menschen wie möglich davon erzählen, und genau dann hatte Faithless eine Hitsingle. Eine Woche später bekamen wir Anrufe aus Deutschland, daß die Single die Charts geradezu hochfliegt. Und es ist fast, als ob die Welt sagt: „Okay, du willst es so vielen Menschen wie möglich erzählen, ich gebe dir die Möglichkeit dazu und mache dich zum Popstar." Und so ist es nun – hunderttausend Leute warten auf unser neues Album und auf alles, was wir zu sagen haben. Wir haben wirklich versucht, die Platte so aussagekräftig wie möglich zu machen, denn vielleicht ist das ja meine letzte Chance, so viele Leute zu erreichen. Daher wollte ich sichergehen, mich auch richtig auszudrücken. Im nachhinein war das ein großer Druck, aber ich bin glücklich, daß mein Glaube dem, was ich tue, eine besondere Bedeutung verleiht. Das erscheint mir das zu sein, was Religion für mein Leben leisten sollte. Allein die Tatsache, daß ich Popstar und im Fernsehen bin – das ist alles sehr schön, aber auch sehr bedeutungslos. Solange du das nicht benutzt, um wirklich etwas zu erreichen.

„Take the long way home" klingt wie ein autobiographisches Resümee.
Nicht so sehr autobiographisch, aber es drückt eine Überzeugung aus, die wir in der Band teilen. Jeden Tag hast du Entscheidungen zu treffen, manchmal ihn Sekundenschnelle. Wie reagiert man da? Gewisse Situationen im Leben zwingen dich, den langen Weg

zu wählen, weil es keinen Ausweg gibt. Ich glaube, im Leben gibt es keine Abkürzungen, du mußt den langen Weg gehen. Und in dem Lied wird suggeriert, es sei auch besser, den langen Weg zu wählen; du siehst mehr, du lernst mehr, du wirst hoffentlich ein besserer Mensch, ein weiserer Mensch dadurch, daß du den langen Weg nimmst.

Kann man „God is a DJ" als eine Art Zusammenfassung deines Glaubens lesen?
Der Text deutet auf die Grundessenz meines Glaubens hin, wenngleich er ihn nicht explizit beschreibt. Er arbeitet auf zwei Ebenen: Die Zeilen von *„It's in natural grace"* bis *„When bitterness ends"* beschreiben die Orte, wo ich Gott sehe – wo ich ihn wirklich handeln sehe. All das Genannte ist brillant, wunderbar und schön. Wenn du also das Wort ‚Gott' durch irgend etwas ersetzt, das herzzerreißend schön ist – dann ist es das, was ich sagen will. Ich versuche auch auszudrücken, daß all das um dich herum existiert: diese Schönheit, dieses verwunderliche Element des Lebens, aber du mußt die richtige Einstellung haben, um das auch wirklich wahrzunehmen.

Auf der anderen Seite bezeichnen die Zeilen *„This is my church / This is where I heal my hurts"* den Umstand, daß vielen jungen Leuten die Tatsache, daß wir Menschen alle auf einer Ebene des Unterbewußtseins miteinander verbunden sind, zum ersten Mal in einer Disco, auf einem Konzert oder vielleicht auch in einem Fußballstadion bewußt wird. 500, 5.000 oder 25.000 Leute, und du siehst dich um und merkst auf einmal, daß alle dasselbe empfinden, daß man sich genau auf derselben Ebene befindet. Das ist etwas, was in der Kirche heutzutage nicht mehr allzuoft passiert, denke ich. Und das sind sehr spirituelle Erfahrungen. Wir gelten als Dance Band, und Leute halten Dance Music für etwas sehr Triviales, nicht für ernsthafte Musik – es ist aber sehr, sehr ernsthaft! Ich glaube nicht, daß es Gott dort oben im Himmel gibt – aber gäbe es ihn doch, so würde er in eine Disco oder einen Nightclub, auf einen Rave oder ein Konzert hinuntersehen, wo er 500 seiner Kinder sich absolut wunderbar zueinander verhalten sieht; er müßte das ansehen und sagen: „Das ist es, was ich meine! Dies sollte sich über die ganze Welt ausbreiten und immer weitergehen. Dies ist ein wunderbarer Mikrokosmos von meinem Makrokosmos!" Zumindest würde ich das sagen, wäre ich Gott. Aber ich glaube, was wirklich passiert, ist, daß das kleine bißchen Gott, das in jedem einzelnen existiert, besonders durch wunderbare Musik stimuliert wird und daß dieses Stück Gott, jenes Stück Freude dann zum Tragen kommt – in jedem zur gleichen Zeit! Dann merkst du diese gemeinsame Verbindung. Und an diesem Punkt ist Gott natürlich ein DJ – seine, wenn du so willst, göttliche oder seine Buddha-Beschaffenheit hat genau die richtigen Platten ausgesucht, um genau die richtige Atmosphäre zu schaffen, die Leute an den Punkt zu bringen, wo sie diese Verbindung wahrnehmen. Und wenn Menschen einander wahrnehmen, über ihre Unterschiede hinweg, ist das meiner Meinung nach eine der wunderbarsten Sachen, die auf diesem Planeten geschehen kann. Nightclubs und Dance Music gelten als unbedeutend und leichtlebig, aber in dieser kleinen, leichtlebigen Welt geschehen erstaunliche Dinge, und Leben werden verändert, kein Zweifel!

Nana

„... etwas mitteilen, das auch Sinn macht"

In „You" bedankst du dich bei deiner Mutter: „You (...) taught me how to read the Bible and be stable, taught to share and help my fellow man, taught to preach peace from land to land."

Ich bin ziemlich streng erzogen worden, und Religion gehörte ganz normal dazu. Ich mußte nicht regelmäßig in die Kirche, aber es wurde regelmäßig gebetet. Dafür bedanke ich mich in dem Lied bei meiner Mutter. Sie hat viele Sachen gesagt, die ich nicht einsehen wollte, als sie noch lebte. Und jetzt, wo ich erwachsen bin, muß ich oft daran denken, und gerade bei meinem Job hilft mir das sehr, auf dem Boden zu bleiben und einfach ein guter Mensch zu sein. Ich bin im nachhinein sehr froh, daß man mich so erzogen hat.

Gehörst du einer Kirche an?
Ich bin evangelisch konfirmiert, aber meine Mutter ist katholisch gewesen. Ich mache da keine Unterschiede; wichtig allein ist die Beziehung zu Gott und der Glaube, und dazu brauche ich keine Kirche.

In „Do you really think you know me" sagst du: „I'm a man with a masterplan blessed from Jesus Christ." Was ist in deinen Augen die wichtigste Botschaft dieses Masterplans?
„Liebe deinen Nächsten!" Egoismus wird hier in der westlichen Welt doch sehr groß geschrieben, und viele Sachen, die sündhaft sind, gelten hier als normal. Heute redet man davon, Marihuana zu legalisieren, es wird auf der Straße geraucht, weil das „normal" ist. Es gibt so viele Sachen, die schlecht sind – der Teufel hat auf Erden überhandgenommen.
Ich nenne mich nicht man with a masterplan, um mich herauszuheben oder weil ich etwas weiß, was du nicht weißt; ich will letztendlich nur sagen: „Ich teile dir mit, was du eh schon weißt", ich will wachrütteln.

Marihuana ist im HipHop ja die Standarddroge...
Drogen sind schlecht. Ich höre HipHop, seit ich denken kann, und es sind ein oder zwei Leute, die mal erwähnt haben: „Ich mache und höre die Musik, aber ich rauche nicht." Wenn man sich die Sachen aus den Staaten anhört, und das ist ja nun mal das, was vorausgegangen ist, dann ist das da normal, sich einen Joint zu bauen. Es ist schlimm, aber verglichen mit dem, was Techno mit sich bringt – Ecstasy schmeißen, koksen usw. –, ist es fast schon wieder harmlos. Das Ganze gerät außer Kontrolle. Drogen fangen theoretisch ja schon beim Wein oder der Zigarette an – und wer's übertreibt, dem geht's halt schlecht. Und sobald manche Drogen ins Spiel kommen, kannst du sie nicht mehr kontrollieren, sondern du wirst von ihnen kontrolliert.

Du zitierst oft Psalm 23: „Der Herr ist mein Hirte..." – z.B. in „Nigger 4 life", „Lonely" oder „One Second". Was bedeuten diese Worte für dich?

Die Worte bedeuten für mich, daß es nichts gibt, was ich nicht erreichen kann, daß es nichts gibt, wovor ich Angst habe, und daß es jemanden gibt, auf den ich mich verlassen und zu dem ich Vertrauen haben kann. Es steht irgendwo in der Bibel: „Deine Mutter wird dich verlassen, dein Vater wird dich verlassen, aber der HERR wird dich nicht verlassen." Und „The Lord is my shepherd" heißt einfach: Ich weiß, er ist bei mir, und er wird mich auch nicht im Stich lassen. Das ist mein Motor, meine Kraft; und es gibt keinen Menschen, auf den ich mich so verlassen kann wie auf Gott.

Das klingt nach unerschütterlichem Vertrauen. Zweifelst du auch manchmal?

Nein. Ich habe es einmal in meinem Leben getan, 1993, und darüber gibt es auch ein Stück auf meinem neuen Album: „When I close my eyes". Damals hatte ich ein sehr schlechtes Jahr; ich bin – nach einer langen Vorgeschichte – ausgeflippt und habe mit einem Baseballschläger zwei Menschen verletzt. Ich hatte da etliche Probleme und habe, obwohl ich mein Leben lang mit Gott gelebt habe, aufgehört, an ihn zu glauben. Ich hatte ein Kreuz in meiner Wohnung, das habe ich weggeschmissen. Damals gab es das Projekt „Darkness", mit dem ich als Rapper unterwegs war. Und da bin ich mit einem Teufels-T-Shirt aufgetreten und habe gedacht, daß mir das helfen würde – klingt total blöd, aber ich sag's, wie's ist. Und dann wurde es noch schlimmer. Schließlich habe ich dann zur Bibel gegriffen und wieder zu Gott gefunden, und nun sitze ich hier anstatt im Knast. Das Blatt hat sich gewendet, es ist für mich ein Wunder geschehen, und das habe ich Gott zu verdanken.

Wie stellst du dir Gott vor, was bedeutet „Gott" für dich?

Vorstellen gar nicht, ich respektiere ihn. Man hört öfters diesen Spruch: „In uns allen steckt ein Gott." Das stimmt auch irgendwo, aber für mich ist Gott auch der, der über allen Menschen steht. Gott hat uns zwar als intelligente Wesen geschaffen, aber wir sollten nicht vergessen, daß er vor uns da war und mächtiger ist als wir. Ich mache mir da gar keine Sorgen: Egal, was ist, ich weiß, da ist immer einer da, der über uns steht, und das, was er kann und was er tut, ist einfach übermenschlich. Das paßt heutzutage leider kaum noch in die Gesellschaft, wenn man so denkt und redet, aber wer an Gott glaubt, der weiß das.

In „Why" fragst du: „Why do all my brothers die, why do all my friends pass away?", und du verwirfst diese Fragen später: „Don't ask so many why so many questions to be answered, let the Lord guide your life and there'll be no second guessing!" Das erinnert an das Buch Hiob, wo Hiob Gott zunächst wegen all seiner Leiden anklagt und dann Gott erscheint und ihn an seinen Platz verweist nach dem Motto: Ich bin Gott und du ein kleiner Mensch; dir steht es gar nicht zu, von mir Rechtfertigung zu verlangen.

Meine Gegenfrage wäre es: Welcher Mensch hat diese Aussage widerlegt? Wenn er das so sagt, dann soll er bis heute recht haben. Wir sind nicht unsterblich, und damit müssen wir leben, ob wir wollen oder nicht. Das sind Fragen, die außer Gott niemand beantworten kann: Kein Mensch weiß, wo es nach dem Tod hingeht, keiner weiß, warum wir sterben. Auch wenn wir das Älterwerden mit Liften usw. bekämpfen: Alles ist vergänglich. Meine Mutter ist '87 gestorben, und das hat mich '93 immer noch beschäftigt. Nur irgendwann habe ich mir gesagt: „Du mußt es hinnehmen, Gott gibt und Gott nimmt." Viele Fragen bleiben offen, solange man am Leben ist.

Was ist dann der Sinn des Lebens?
Ich bin jetzt dreißig, bin viel rumgekommen, habe viele Menschen getroffen, Spaß gehabt, Leid gehabt, war ganz arm, bin jetzt reich... letztendlich geht es um Glück.
Ich mache die Musik, weil das mein Leben ist, und ich wollte

erfolgreich sein, weil ich gedacht habe: „Ich lebe in einer Gesellschaft, wo Geld vieles einfacher macht, gerade auch bei meiner Hautfarbe" (was heute nicht mehr ein so großes Problem ist wie früher). Aber im Gegenteil, ich mußte feststellen: *The more money you make, the more problems you get!* Und dann fragt man sich irgendwann wieder: Wo ist der Sinn? Und für mich ist das definitiv Glück; die Stunden mit meiner Frau, meiner Tochter, das ist mit keiner Karriere, keinem Geld zu ersetzen. Dafür würde ich alles stehen- und liegenlassen.

Sehr oft taucht „pain", Schmerz, auf, z.B. in „Let it rain": „The pain will release 'cause in God I believe." Was ist das für Schmerz?
Nicht unbedingt ein körperlicher Schmerz, sondern einfach so viel Leid, über das auch oft hinweggesehen wird. Ich helfe, wenn ich kann, und wenn ich nicht kann, kann ich nicht. Aber die Sache überhaupt zu erkennen und sich Gedanken zu machen, tun die wenigsten, weil sie eben diese Ego-Nummer fahren. Ich habe damals versucht, mit diesen Zeilen auch auf den Weg zu schicken, daß ich weiß, daß es genügend Leute gibt, die Probleme haben. Und den Leuten, die die Musik hören und auf die Texte achten, möchte ich sagen: Denkt daran, daß es weitergeht! Man sollte trotzdem die Hoffnung nicht verlieren und immer weitergehen.

Wie wichtig sind dir die Texte?
Sehr wichtig, weil ich weiß, daß meine Lieder mittlerweile schon Millionen Leute erreichen. Ich versuche, meine Texte so einfach wie möglich zu gestalten, damit der Durchschnittseuropäer, der nicht so gut englisch kann, sie auch verstehen kann. Es ist Rap, es ist relativ neu – „Euro-Rap" oder eben kommerzieller Rap – ich habe eben viele Leute erreicht, die vorher nicht so hingehört haben. Vielleicht geht es den meisten auch zu schnell, und daher will ich gewisse Signalwörter setzen, damit die Leute im Radio ein paar Worte verstehen, wenn sie zur Arbeit fahren, auch ohne das CD-Booklet rauszuholen. Damit diese Worte dann zusammenwach-

sen und ein Grundverständnis rüberkommt, auch über die Emotionen, die Stimmlage.
Es schreiben mir oft Leute zu gewissen Textpassagen; ich bekomme auch viel Feedback aus Polen. Polen ist ja zu 90 Prozent katholisch, und die fahren auf meine Sachen besonders ab. Da zeigt es sich schon, daß sich einige Leute da doch Gedanken machen. Ich versuche, über die Texte etwas mitzuteilen, das auch Sinn macht.

Gerade in deutschem HipHop geht es ja oft nur um Styles und Skills, und der Grundgedanke der Informationsvermittlung – Chuck D. nannte HipHop ja auch das CNN der Schwarzen – ist verlorengegangen.
Ich bin ein-, zweimal von irgendwelchen Rappern gedisst worden, weil die meinen, daß nur sie die Skills haben. Ich habe damit kein Problem; einerseits ist das eine Bestätigung für mich, andererseits ein Armutszeugnis für die. Mir geht es weiß Gott nicht darum zu zeigen, wie schnell meine Zunge ist und wie kunstvoll die Wörter kommen, sondern daß das drin ist, was ich mitzuteilen habe.

"You can't run away, it's payback time, it's Judgement Day" ("Judgement Day") – wie stellst du dir das Jüngste Gericht vor? Glaubst du, daß man sich nach seinem Tod verantworten muß?
Ich glaube, schon. Man sagt ja auch: "Rest in peace". Ich glaube auch, daß die Strafe teilweise hier auf der Erde stattfindet. Ich glaube an den Judgement Day, auf der anderen Seite verzeiht Gott auch. Aber wie das genau aussieht, kann ich nicht sagen.

In "Judgement Day" und auch in "He's coming" wird dein Produzententeam und die Plattenfirma Booya beschworen: "Booya 'til the day I die."
Fast wie eine Sekte, meinst du? (lacht) Nein, so schlimm ist es nicht. 95 Prozent meiner Texte sind schon so gemeint, wie ich sie sage, und die sollen auch Gewicht haben, aber es gibt auch einen kleinen Anteil, der einfach gesagt wird, weil es eben auch "nur" Rap ist und gerade gut paßt. Es ist schon so, daß wir enge Freunde

sind, aber es ist keine Gang oder so, da sollte man nicht jedes Wort auf die Goldwaage legen.

"Booya on a mission", heißt es.
Ja, eine musikalische Mission vielleicht: Es war neu, und die Leute sollten auf uns aufmerksam werden: „Hallo, wir sind auch da!"

Was ist dein Anspruch an deine Musik?
Ich möchte eigentlich groß und klein sagen: „Wenn du keinen Ausweg weißt – versuch es mal mit Gott!" *God is the key* – das versuche ich über die Musik rüberzubringen. Wenn dir Freunde erzählen, wie sie Kinder bekommen haben, dann nimmst du das zur Kenntnis. Aber um es wirklich zu verstehen, mußt du es einfach selbst erlebt haben. Und so ist es mit Gott auch. Was ich durchgemacht habe und durch Gott erreicht habe, das kann ich gar nicht richtig vermitteln. Daher will ich nur darauf hinweisen, daß, falls Bedarf besteht, sie selber erleben dürfen, was der gute Mann da oben alles tut.

Warum mit Musik?
Musik ist ein Medium, mit dem man viel schneller an die Menschen rankommt. Jemand, der z.B. etwas gegen Farbige hat – ich kann einen Song aufnehmen, er hört ihn und findet ihn gut, ohne zu wissen, daß das auf der anderen Seite doch ein „Neger" ist, der da redet. Es ist Musik, auf die er anspringt, und schon habe ich ihn, sozusagen; schon bin ich viel näher an ihm dran, als ich normalerweise je kommen würde. Mit Musik erreichst du eine Vielzahl von Leuten und kommst ihnen nahe, kannst ihnen etwas mitteilen. Das kann auch negativ benutzt werden, Leute werden manipuliert... Aber Musik an sich ist eine sehr schöne Sache, ohne die wir einfach nicht leben können.
Und ich habe mich für Englisch entschieden, weil ich so viele Leute wie möglich erreichen wollte. Das war natürlich nur ein Traum, und mittlerweile habe ich doch eine millionenschwere Zuhörer-

schaft. Hätte ich das auf deutsch gemacht, hätten die Polen z.B. kaum was davon gehabt. Im nachhinein gesehen wäre das sehr schade gewesen.

In „G-O-D" sagst du: „You changed my life into a dream."
Die Sache mit dem Baseballschläger war in meinem Leben der Knackpunkt überhaupt. Das Entscheidende war, daß es keinen Ausweg mehr gab; die Zelle war schon geputzt... Und aus dieser Situation heraus Erfolg zu haben, nicht nur auf die Karriere bezogen, sondern allgemein die schönen Dinge wieder genießen zu können – ich kann ihm dafür nicht oft genug danken.

In „He's coming" sagst du: „I pray everyday to Bible and Koran"; siehst du die drei biblischen Religionen Judentum, Christentum und Islam als gleichgestellt an?
Ich mache da keinen Unterschied, weil für mich das Wichtigste ist, daß man an Gott glaubt. Der eine sagt es so, der andere so – sich darüber zu streiten, was soll das? Was hat das bisher gebracht, außer Toten? Es ist wichtig, daß es einen Gott gibt und daß man friedlich zusammenleben kann.

Wie sieht deine religiöse Praxis aus?
Ich bete morgens und abends, manchmal auch zwischendurch. Und in der Bibel lese ich sporadisch; wenn es mir ganz schlecht geht, sowieso, aber auch zwischendurch. Die Psalmen gucke ich mir oft an, die Sprüche... Ich lese schon darin, aber nicht sehr regelmäßig.

Glaubst du an ein Leben nach dem Tod?
Wie das genau aussieht, kann ich nicht sagen, aber ich glaube daran. Meine Mutter ist '87 gestorben, aber es gibt diese Momente, wo diese Verbindung immer noch da ist. Und ich glaube nicht, daß ich sie zum letzten Mal gesehen habe, sondern daß ich ihr irgendwie noch mal begegnen werde.

Ice-T

„Gute Energie"

Hältst du dich für einen religiösen Menschen?
In gewisser Hinsicht schon. Ich glaube an Energie, Vibes und so. Ich glaube nicht an das Christentum, Judentum oder den Islam, an keine feste Religion; eher Dinge wie Yin-Yang. „Du erntest, was du säst"; gute Energie tut dir Gutes, schlechte Energie Schlechtes. Ich glaube auch an eine göttliche Ordnung. Manche Dinge verbinden sich perfekt, und gewisse Leute sind dazu bestimmt, andere zu treffen, und gemeinsam erzeugen sie mehr gute Energie... Aber ich glaube auch, daß jedes Buch, an das Menschen glauben, auch von Menschen geschrieben wurde, und ich kann mich nicht hundertprozentig auf etwas verlassen, das von Menschen geschrieben wurde. Daher ist es schwer für mich, mich ganz und gar dem Christentum zu verschreiben, wenn ich weiß, daß die Bibel aus Menschenhand stammt. Da wurde nicht ein einziges Wort von Gott geschrieben, in meinen Augen ist das eher die menschliche Deutung.

Ich bin da mehr Philosoph; gucke mir die Welt an und versuche, eigene Antworten zu finden und selber Erfahrungen zu machen, anstatt ein Buch zu lesen und dem blind zu vertrauen.

Aber du glaubst an göttliche Wahrheiten?
Eigentlich möchte ich das Wort „göttlich" gar nicht benutzen, weil das etwas Bestimmtes bezeichnet. Ich weiß nicht, ich glaube eben, es gibt eine Art Energie, die Menschen verbindet: Sinne, Gefühle. Zum Beispiel mit meiner Frau – wir sagen manchmal gleichzeitig genau dasselbe. Sie hat einen Song im Kopf, und ich fange an, ihn zu singen... da passieren wirklich abgefahrene Sachen. Ich weiß nicht, was es ist, und ich werde dem auch keinen Namen geben. Ich bin kein Atheist, kann atheistischem Denken nichts abgewinnen. Es gibt eine seltsame Verbindung zwischen Menschen. Es heißt ja auch, wir nutzen nur ein Fünftel unseres Gehirns. Und in der ungenutzten Gehirnkapazität gibt es Dinge, die uns unbekannt, aber absolut real sind.

So etwas wie Synchronizität?
So etwas. Aber wir nennen es einen Gott, geben ihm einen Namen und fangen an, es zu verehren. In meinen Augen nimmt dir das als menschlichem Wesen Stärke, Autorität; du gibst sie ab an etwas anderes und fühlst dich dadurch schwächer.
Ich sehe auch keinen Unterschied zwischen mir und dem Papst, wirklich nicht. Wo soll da der Unterschied sein? Er ist ein menschliches Wesen, genauso geboren, und daher verehre ich ihn auch nicht. Ich finde es schlecht, wenn Menschen ihre Macht einschränken und abgeben, wahrscheinlich aus Angst. Die meisten Menschen wollen gar nicht so viel Macht.

Denn viele fühlen sich sicherer, geführt zu werden?
Das ist leichter, und ich denke, es erscheint auch sicherer, an Jesus, Mohammed oder Buddha zu glauben, anstatt zu sagen: „Es ist alles in mir selbst" – das ist beängstigend.

Was sind deine ethischen Maßstäbe?
Meine Moral ist ziemlich grundlegend und simpel: Behandle die Leute einfach so, wie du von ihnen behandelt werden willst – ganz einfach. Ich habe, wenn du so willst, keine sexuelle Moral wie Promiskuität oder Monogamie... da halte ich es eher mit den animalischen Instinkten, Männer sehen Frauen und werden angetörnt, das ist normal. All die Tabus, Gewalt und solcher Mist... Es ist eine gewalttätige Welt. Auf der einen Seite mögen Leute mich für schlecht halten; sie sagen, ich sei aggressiv, aber auf der anderen Seite führen dieselben Leute Kriege und töten Tausende von Leuten – was dann okay ist, denn sie machen ja die Regeln.
Wohingegen in meinen Augen jeder moralische Mensch niemals in den Krieg ziehen würde. Wenn du mit diesem Moral-Mist anfängst, fängst du an zu schwanken. Meine Überzeugungen sind meine Überzeugungen, ich lebe entsprechend und würde sie nie auf dich anwenden. Denn das ist ja dein Leben. Ich mische mich auch nicht in anderer Leute Überzeugungen ein.

Es gibt also keine für alle verbindlichen Maßstäbe?
Nein. Denn vielleicht habe ich unrecht. Vielleicht sollen wir uns ja alle wie Abschaum behandeln. Vielleicht sollen nur die Stärksten überleben. Vielleicht sollten wir alle Drogen nehmen. Vielleicht ist diese Welt Müll und die andere Seite die gute. Ich bin klug genug zu wissen, daß ich das nicht weiß. Wie sollte ich mir also anmaßen, dir eine Moral vorzuschreiben? Ich lebe einfach mein Leben und habe mich entschieden, auf eine bestimmte Art für mich zu sorgen.

Als „Home Invasion" herauskam, wurdest du in England für die Zeile „... and I still carry a gun" kritisiert.
Nun, Amerika – und vor allem Los Angeles – ist nun mal eine Waffenkultur. Du wärst schön blöd, keine Waffe zu haben; alle haben dort Waffen! Wenn ich in England leben würde, würde ich auch keine Waffe tragen.

Wenn jeder in diesem Bus ein Messer hätte, und du hättest drei Kämpfe gesehen, bei denen Leute erstochen wurden, würdest du hier sitzen und sagen: „Ich will kein Messer"? Du würdest dir ein verdammtes Messer holen!
Ich trage in Los Angeles eine Waffe, weil die Motherf*** dort auch Waffen haben. Die Scheiße ist Realität. Ich erwarte gar nicht, daß Leute in England das verstehen. Aber es interessiert mich auch nicht, ob sie mich kritisieren. Jeder sagt, was er denkt und fühlt, und da wird immer irgendeiner sein, der das kritisiert, weil er das eben anders sieht. Damit verschwende ich nicht meine Zeit, ich sage nur: So ist es halt.

Für die jüngsten Amokläufe an amerikanischen Schulen wurden ja Musiker wie Marylin Manson u.a. verantwortlich gemacht.
Niemand ist verantwortlich. Es ist die natürliche Evolution der menschlichen Gattung, gewalttätiger zu werden. Leute gehen zur Arbeit und bringen Menschen um. Ich glaube, wir sind verdammte Tiere und werden uns am Ende selbst zerstören. Es liegt einfach nicht in unserer Natur, klarzukommen. Diese Kids taten genau das, was sie tun wollten: Sie haben gemordet. Eine Menge Leute würden das gerne tun, auch wenn du's nicht glaubst.

Eine ziemlich pessimistische Sicht, oder?
Vielleicht. Nur für Optimisten. Aber es ist eher realistisch. Wenn du den Verlauf der menschlichen Entwicklung zurückverfolgst; was wir der Erde angetan haben, die Anzahl der Kriege... du kannst keine 1000 Meilen reisen, ohne in einen Krieg zu geraten. Die Menschen kümmern sich einen Scheißdreck um die Umwelt, Hunger, Krankheiten... Solange es sie selbst nicht direkt betrifft, ist das alles okay. Und da glaubst du wirklich, die Menschen werden in 1000 Jahren noch hier sein? Wir werden wie die verdammten Dinosaurier enden, so etwa: „Hey, erinnerst du dich noch an diese Wesen, die man Menschen nannte?"

Was für Konsequenzen ziehst du daraus?
Keine Konsequenzen, das ist einfach Teil der Entwicklung. So sehe ich das zumindest; das alles hier wird bald enden. „Bald" kann fünfhundert Jahre bedeuten, da die Erde ja auch ein lebender Organismus ist. Sie lebt, und wir zerstören sie. Wir zerstören die Atmosphäre, die Luft, das Wasser, den Boden – in ein paar hundert Jahren wird der Ort hier unbewohnbar sein. Das Problem mit uns Menschen ist, daß wir sehr arrogante Geschöpfe sind. Wir glauben, daß es im Weltraum nichts außer uns selbst gibt – pah! Es kann nichts so klug sein wie wir selbst, wir halten uns für unsterblich. Wir bekämpfen einander, weil wir denken: „Meine Haut ist besser als deine", wie Megadeath sagen: Es ist die „Symphony of destruction", die Sinfonie der Zerstörung. Armageddon, die Apokalypse – wir alle wissen, daß wir sterben werden, aber irgendwie haben wir das ins Gesamtbild integriert, es macht uns nichts aus. Und ich bin da auch entspannt. Laß uns Party machen, wie Prince sagt, es ist 1999, laß uns den Moment genießen, sauge ihn auf. Frieden.

Also carpe diem – pflücke den Tag?
Genieße den Moment, pflücke den Tag. Verletz niemanden; versuch das zu vermeiden. Aber andererseits kann dich kaum jemand so verrückt machen wie Typen, die die ganze Welt retten wollen – die machen dich verdammt noch mal verrückt! Wenn ich in South Central Los Angeles aufräumen könnte, so daß die Menschen dort mit Blumen rumliefen – was würde das in China ändern? Oder in Kroatien? In Nordirland? Oder Afrika? Indonesien? Irgendein Ort auf der Welt – wenn du den Planeten als ganzen betrachtest: Er ist mehr abgefuckt als in Ordnung.
Wenn wir beide hier jetzt also sitzen und eine gute Zeit haben, Mann, bewahre den Moment! Sitz hier nicht rum und denk', es würde besser werden – genieße das Jetzt!

David Gappa
– H-Blockx

„... diese Stimme, die dir antwortet"

In den CD-Booklets bedankst du dich zuallererst bei Gott; siehst du dich als frommen Menschen?

Ich glaube, als *frommen* Menschen nicht. Zumindest nicht mit dem Begriff Frömmigkeit, der der Allgemeinheit geläufig ist. Denn Frömmigkeit beinhaltet allgemein sicher ein intensiveres religiöses Leben, als ich das betreibe, sprich: in die Kirche zu gehen, zu beichten und an allen möglichen Stellen Gott ehren.

Daß ich Gott da danke, hat auch weniger damit zu tun, daß ich meine Gläubigkeit bekunden muß, sondern ich bin fest davon überzeugt, daß mein Dasein auf dieser Erde nicht allein von mir abhängig ist, sondern daß all das, was ich kann oder auch nicht kann, mit Sicherheit auch durch Gott bestimmt ist. Und da ich mich in einer sehr angenehmen Lage befinde, daß ich mein Hobby zum Beruf gemacht habe und damit mein Leben bestreiten kann, mit vielen Menschen in Kontakt komme und so viel vom Leben mitbekomme – das sehe ich auch als Geschenk Gottes an. Ich glaube halt, daß das nicht allein von mir abhängig ist, sondern daß ich da irgendwie in einer Gunst stehe. Und warum soll ich mich dafür nicht bedanken?

Wenn du sagst, daß gewisse Dinge an oder in deinem Leben von Gott bestimmt sind – inwiefern glaubst du daran, daß Dinge vorbestimmt sind?
Ich würde nicht sagen „vorbestimmt", aber er nimmt auf jeden Fall daran teil.
Man sagt zwar: „Jeder ist seines Glückes Schmied", aber ich glaube doch, daß in gewissen Momenten in meinem Leben es eben nicht ich bin, der da das Glück schmiedet, und ich bin mir dessen bewußt, daß Gott bei mir oder in mir ist. Es gab ein paar Momente, wo ich das richtig gespürt habe. Und ich bin davon überzeugt, daß es nicht nur in diesen Momenten ist, in denen ich das spüre, sondern daß das den ganzen Tag ist, und zwar an jedem Tag. Es gibt einfach ein paar Sachen, die kann man sich nicht erklären, und da bin ich halt fest davon überzeugt, daß Gott mir da zur Seite steht.
Eine Sache, wo mir das sehr deutlich geworden ist, war letztes Jahr in den Sommerferien. Ich bin da zwei Wochen nach Amerika gefahren. Das war gerade eine sehr unruhige Zeit für mich, ich mußte überlegen, wie es mit mir selbst weitergeht, wie es mit der Band weitergeht – unser Drummer Mason war gerade ausgestiegen –, und in dieser Situation war ich zum Fliegenfischen in diesem Tal, das ich in „Paradise Valley" beschreibe. Das war eine riesige Harmonie; ich stand da in diesem Bild und dachte das allererste Mal in meinem Leben, daß ich Teil von einem Ganzen bin; daß das alles zusammenhängt: das Wasser, die Fische, die Natur, ich selber... Daß ich eben Teil eines Wunders bin, des Wunders Mensch. Und dieses Wunder kann mir niemand erklären; man versucht's immer wieder, aber letzten Endes bleibt es unerklärlich.

Und ich dachte: Es ist wunderbar, daß du hiersein kannst, daß du die Möglichkeit hast, dir das hier anzugucken, und diese Möglichkeit hast du eben auch aufgrund der Tatsache, daß du mit einer Band umherreist und damit dein Geld verdienst.
Über dieses Tal ist dann ja auch der Song entstanden, „Paradise Valley", der letzte Song auf „Fly Eyes", und der hat für mich persönlich in Verbindung mit meinem Glauben eine große Bedeutung, den erachte ich als den für mich persönlich perfekten Text.

Ich habe überlegt, ob das jetzt einfach eine Beschreibung von einem sehr intensiven Naturerlebnis ist oder darüber hinaus auch ein Stück Offenbarungserlebnis.
Beides. Als ich den Song geschrieben habe, war mir bewußt, daß man all das Negative, das man erlebt, hintanstellen und den positiven Dingen Raum geben muß, die ein Geschenk Gottes sind.

Was bedeutet Gott für dich?
Ich bin zwar katholisch erzogen worden, aber ich habe mich im Laufe der letzten Jahre doch davon entfernt. Für mich persönlich ist Gott nicht Herr oder Herrscher, denn das ist dann wie in der katholischen Kirche, wo Gott so etwas Bestimmendes ist. Ich glaube eher, daß er so was wie ein Freund ist, daß er in unser aller Seelen ist. Wie vielleicht der Schäfer, der auf seine Schafherde aufpaßt.
Das Eigentliche oder das Bestimmende in uns Menschen ist unsere Seele. Und ich glaube, daß unsere Grundbestimmung ist, Gutes zu tun.
Woran man glaubt, ist in erster Linie davon abhängig, wo man geboren ist. Wenn ich in Indien oder eben irgendwo in Südostasien geboren worden wäre, wäre ich wahrscheinlich Hindu oder Buddhist. Aber im Endeffekt – wenn man sich alle Religionen anguckt, glauben alle im Schlußpunkt ihrer Lehre an etwas Göttliches, das auch die Erde und den Menschen erschaffen hat. Natürlich gibt es Abweichungen, aber es geht bei allen darum, Gutes zu tun und in Frieden zusammenzuleben. Und insofern glaube ich,

daß unser Leben hier als Menschen auf der Erde letzten Endes in seiner Grundessenz doch unkomplexer ist, als sich das manchmal darstellt.

Wie erklärst du dir dann, daß Religion immer unmoderner erscheint und Werte immer mehr aufweichen?
Das hat bei mir selber auch jahrelang gedauert, bis mir diese Bedeutung wieder bewußt wurde. Da ist zwischendurch viel verlorengegangen, weil ich mich mit vielen Dingen in der katholischen Kirche zum Beispiel nicht einverstanden erklären konnte. Natürlich ist es wichtig, daß der Papst, wenn er den Gebrauch von Kondomen in Afrika ablehnt, das auch propagiert. Das ist seiner Ansicht nach nur konsequent. Nur: meiner Ansicht nach müssen dadurch sehr viele Menschen leiden, Krankheiten werden verbreitet, Menschen sterben qualvoll, und sie sterben z.T. schon früh, anstatt zu leben. Wenn die Kirche dann hinter dem Papst steht, bekomme ich da dann logischerweise Identifikationsprobleme. Und deswegen ist Kirche – daran teilzuhaben, in den Gottesdienst zu gehen – für mich mit einem Problem behaftet. Wohingegen ich gerne, wenn ich auf Tour die Zeit dazu habe, manchmal einfach in eine Kirche reingehe und dort mit Gott spreche. Ob das abends im Bett ist oder eben in der Kirche, ich nehme diese Gelegenheit des Zu-Gott-Sprechens schon wahr.

Hast du manchmal das Problem, daß du schon glaubst, dir aber die Möglichkeit oder der Rahmen fehlt, deinen Glauben auch entsprechend in Gemeinschaft zu leben und zu gestalten?
Ich glaube, das ist ein Identifikationsproblem, das ich auch nicht haben sollte. Nur – das ist nicht meine Kirche, und mit den ganzen negativen Dingen, die man nach 2000 Jahren über die Geschichte der Kirche weiß, ist es sehr schwer, sich noch damit zu identifizieren, was Kirche eigentlich einmal sein sollte. Es ist mit etwas behaftet, was mir den Spaß und die Freude nimmt.

Du hast gerade das Gebet angesprochen; was bedeutet Beten für dich?

Für jemanden der nicht betet oder nicht gläubig ist, für den könnte man das vielleicht am besten beschreiben als eine Art Freisprechen von meiner Seele, was Wünsche oder Probleme angeht. Es ist, wie wenn man einen sehr guten Freund hat – nicht irgendeinen, sondern schon einen sehr, sehr guten und vertrauten, der einen schon dadurch versteht, daß er dich anguckt. Dem man erzählen kann, was einen bewegt, belastet, bedrückt; mit dem man weinen kann, mit dem man lachen kann... So ungefähr muß man sich das vorstellen; und daß man eben daraus, daß man mit diesem Freund – mit Gott – spricht, eine unglaubliche Kraft zieht. Es ist auch manchmal, wenn ich umhergehe und in Gedanken schweife, daß ich im täglichen Leben dann auch so rede, mir Fragen stelle, wie ich mich verhalten soll, warum ich etwas so oder so getan habe. Dann antwortet mir auch jemand. Das ist auf eine gewisse Art und Weise dieselbe Stimme wie ich; wenn du nachdenkst, hast du ja auch eine Stimme im Kopf. Und dieselbe Stimme antwortet mir dann. Und meistens sagt diese Stimme auch das Richtige, das habe ich schon oft festgestellt. Nur tue ich trotzdem manchmal das Gegenteil, und das ist das Problem.

Man kann auch ein Spiel draus machen und nimmt elementare Dinge, ganz banal: Ist es richtig, wenn ich jetzt einen Menschen töte? Aber du kannst das auch runterspielen zu Dingen, die für dich wesentlich komplexer sind, und trotzdem hast du diese Stimme, die dir antwortet. Das hat sie bisher immer gemacht. Und deswegen glaube ich, daß in jedem Menschen etwas drin ist, das ich als Gott bezeichne oder als Teil von etwas bezeichne. In jedem von uns Menschen ist ein Teil Gottes drin, der uns zusammenschweißt zu dieser Gesamtheit.

Wenn Gott allmächtig ist, wie kann er dann zulassen, daß das ganze Leid und Unrecht geschieht?

Das ist diese Sache, die niemand erklären kann. Und ich bezweif-

le, daß ich es jemals in meinem Leben wissen werde. Es gibt viele Dinge, die wir schrecklich finden und nicht erklären können. Und vielleicht ist der Sinn ja, daß wir alles uns mögliche tun, die schlimmen Situationen zu lindern. Daß es nämlich unser und nicht Gottes Zuständigkeitsbereich ist.
Doch ich denke, Glaube hat auch weniger was mit Erklärungen und Wissen zu tun, sondern damit, was in mir persönlich passiert. Eben genau mit den Dingen, die man nicht erklären kann.
Aber darüber hinaus ist es natürlich für denjenigen, der nicht glaubt, unglaublich viel schwieriger, dieses Leid zu ertragen, als für den, der glaubt. Ich denke, es ist für den, der glaubt, leichter zu ertragen, daß Menschen sterben.

Also ist Hoffnung das Zentrale?
Auf jeden Fall!

Was für eine Konsequenz ergibt sich aus deinem Glauben für dein alltägliches Leben?
Ich versuche, mich zum Beispiel komplett von Gewalt freizumachen. Ich versuche immer, meine Mitmenschen mit Achtung und Respekt zu behandeln. Sie zu verstehen. Und immer dann, wenn jemand Hilfe braucht und möchte, diese Hilfe auch zu gewähren. Egal wem, egal wie. Auch wenn ich mich lieber meinem eigenen Kram widmen würde. Meine Persönlichkeit hintanzustellen und mich in den Dienst anderer zu stellen.

Du bist ja fast rund um die Uhr als Teil der Band unterwegs... Wo bleibt da noch Zeit und Ruhe für tiefere Gedanken, wenn man so eingespannt ist?
Im Bus, wenn man alleine ist, abends im Bett, beim Lesen, beim Laufen, beim Sport ... Man darf sich auch keiner Illusion hingeben, und ich trenne da sehr stark: Da ist einerseits diese absolut oberflächliche, glitzernde, schillernde, schnellebige Viva-/MTV-Welt, und da versuche ich auch nicht, denen mit irgendwelchen weisen

oder intelligenten Sprüchen zu kommen. Das wollen die gar nicht hören, und da wird man damit auch nicht ernst genommen. In dem Rahmen sollte man auch nicht versuchen, denen die Dinge, an die man glaubt, zu vermitteln, sondern da sollte man lieber einen Umweg nehmen, und das versuche ich auch; zum Beispiel, indem ich versuche, solche Gedanken in meine Texte reinzubringen. Oder im Umgang mit Menschen, Familie, Freunden, Bekannten usw., daß ich da zeige, daß das Leben für uns hier auf der Erde wesentlich angenehmer wäre und harmonischer sein könnte, wenn wir uns alle so verhielten. Nur: ich will mich jetzt hier nicht als Beispiel hinstellen, dem das immer gelingt; das gelingt auch mir oft nicht, vielleicht gelingt mir das sogar viel zu selten.

Es wird ja immer wieder der Werteverlust beklagt, daß alles immer gleichgültiger wird und es heutzutage immer weniger Verbindlichkeiten gibt. Siehst du das auch als Problem?
Auf jeden Fall. Das sind einfach Dinge, die ich auch komplett nicht kapiere. Zum Beispiel, daß es mittlerweile so weit ist, daß Eltern darüber entscheiden können, ob die Frau das behinderte Kind bekommen will oder nicht – zu einem Zeitpunkt noch, an dem dasselbe Kind, wenn es als Frühgeburt zur Welt käme, überleben würde. Das heißt mit anderen Worten: Es findet in unserer Gesellschaft – was diesen Punkt angeht – eine Euthanasie statt, daß wir uns herausnehmen zu entscheiden, wann ein Leben lebenswert ist und wann nicht. Man schimpft immer über Adolf Hitler, der so etwas betrieben hat – völlig zu Recht, keine Frage. Aber wir machen diesbezüglich eigentlich heute genau dasselbe: Menschen können sich das Recht herausnehmen, über fremdes Leben zu entscheiden. Wenn du halt ein harter Abtreibungsgegner bist, so wie ich das zum Beispiel bin, dann könntest du das eben auf andere Zeiträume beziehen ... Es gibt Länder, wo das noch wesentlich härter ist, daß auf der einen Seite Kinder geboren werden und im Brutkasten überleben, auf der anderen Seite Kinder im selben Alter in der Gebärmutter getötet werden. Wenn man sich das über-

legt, dann merkt man, daß wir in einer Gesellschaft leben, die ihre Werte ganz extrem verloren hat. Und das macht mir sehr große Sorgen.

Woran liegt das deiner Meinung nach?
Ich glaube, das hängt damit zusammen, daß es keine glaubwürdigen Vorbilder mehr gibt. Und daß wir Menschen es uns viel zu einfach machen. Ich glaube, das Recht des einzelnen wird absolut überschätzt. Das heißt: Es gibt immer nur *meine* Freiheit. Das ist ein absoluter, fundamentaler Egoismus: daß jeder meint, sein eigenes Leben sei das absolut Wichtigste auf der Welt und ginge über das Leben anderer. Dazu braucht man keinen Krieg zu führen und keinen umzubringen, das fängt schon im kleinen an, wie zum Beispiel bei der Abtreibung. Wenn eben Frauen sich die Freiheit nehmen können zu entscheiden, ob sie dieses Kind bekommen wollen oder nicht – da macht man sich *vorher* Gedanken. Und dann lebt man entsprechend und hat die Konsequenzen zu tragen. Meine Mutter hat mir von klein auf beigebracht, daß du stets dafür verantwortlich bist, was du dir vertraut gemacht hast. Das heißt, wenn ich mit einer Frau ins Bett gehe und sie wird schwanger, dann bin ich da auch mitverantwortlich. Dann soll dieses Kind auch leben, und ich muß mich natürlich genauso kümmern. Das ist etwas Außergewöhnliches und Besonderes.

Was ist da dein Maßstab?
Da habe ich keinen festen Maßstab, ich handle da aus einem Gefühl heraus. Das ist wie mit dieser Stimme; ich denke einfach, daß diese Dinge falsch sind. Und es ist mir auch rätselhaft, wie andere Leute das nicht so sehen. Ich glaube auch, daß die den Fehler machen, daß sie sich vor andere stellen und nicht umgekehrt. Und das wäre wichtig, gerade bei solchen elementaren Dingen.

Ist das fehlende Demut vor Gott?
Das hat wieder damit zu tun: „Da ist Gott, hier bist du. Und du bist

ein kleiner Wicht und hast nichts zu sagen. Und wenn du nicht gehorchst, dann kommst du in die Hölle." Das ist das alte Druckmittel, das die Kirche im Mittelalter benutzt hat. Demut ist für mich ein sehr negativ besetzter Begriff. Nur: im Endeffekt steckt da auch was Wahres drin, denn ich denke, das Umfeld prägt einen. Jemand, der sich intensiv mit Religion auseinandersetzt und auch danach lebt, wird weniger schlechte Dinge tun. Je weiter wir uns vom Glauben entfernen, desto mehr entfernen wir uns vom Guten. Und je mehr wir uns vom Guten entfernen, desto mehr wird unser Leben von den dunklen Seiten erfüllt. Und das ist auch das, was im Moment passiert.

Und gerade deswegen denke ich, daß die Kirche dafür verantwortlich ist, den Glauben wieder so in den Vordergrund zu stellen, daß er auch attraktiv wird. Daß die Lehren Gottes halt in einer Art und Weise vermittelt werden, daß die Menschen wieder Bezug dazu kriegen. Und daß es für sie wieder verständlich wird.

Da probiert man ja einiges, um gerade auch junge Leute anzuziehen, z.B. Techno-Gottesdienste.
Ja, aber da scheinen sie so von diesem alten Gebiet auf ein anderes zu gehen, wo sie sich nicht auskennen und auch nicht hingehören. Das kann in meinen Augen nicht funktionieren. Sie müssen es schon über den klassischen Weg versuchen, denke ich: Glaube, Kirche, Bibellesungen usw. Nur ist es so schwer, die Menschen zu erreichen, das erschreckt einen auch. Ich hab auch keine Lösung.

Das kennen wir ja selber: Selbst das Neue ist ja schon wieder uninteressant, es muß ja immer mehr geben, jeder Film muß immer größer werden, das Leben hat ja nichts mehr zu bieten, denkt man. Es gibt aber Dinge, die wesentlich unscheinbarer sein mögen, aus denen man aber wesentlich mehr Kraft schöpfen und bei denen man wesentlich mehr lernen kann über sich selbst und die Welt, als wenn man zum Bungee-Jumping oder zum Gotcha-Spielen geht. Für mich zum Beispiel war das unglaublich, in diesem Tal zu stehen, Teil eines Ganzen zu sein, die Möglichkeit zu haben, mich in der Natur zu bewegen und die Natur zu verstehen. Fliegenfischen erfordert unheimlich viel Geduld und Einfühlung, ein unglaubliches Hineinversetzen in die Natur. Und dann auf einmal festzustellen: Ich bin ja Teil des Ganzen hier! Das hat für mich wesentlich mehr Wert, als wenn ich mir „Terminator III" reinziehe oder sonst irgendwie meine Zeit vertrödele.

Deswegen hat das mit der Band auch so viel Bedeutung für mich, weil ich glaube, daß wir die Möglichkeit haben – eben auch in Gesprächen wie diesem, in intelligenten und intensiven Interviews –, etwas an positiven Gedanken und positiver Lebenseinstellung zu vermitteln – den Menschen auch sehr, sehr viel zu vermitteln auf Wegen, die eben nicht direkt mit Religion oder Gott zu tun haben.

Biographien – Diskographien

Cappuccino
1974 als Karsten Löwe in Braunschweig geboren, springt der schlaksige Rapper beim allerersten Probeauftritt der Jazzkantine auf die Bühne und gehört seitdem zur Stammformation der Jazz-HipHop-Fusion. Sein Solo-Song „Du fehlst mir" wird 1997 die erfolgreichste deutschsprachige Hip-Hop-Single, mit seinem zweiten Album etabliert sich Cappuccino auch als Solokünstler in der deutschen Musikszene (siehe www.rapnation.de oder www.cappu.de).

Diskographie:
1997   Cappuccino: „Lautsprecher" (Rap Nation / BMG Ariola)
1999   Cappuccino: „Nur die Besten überleben" (Rap Nation / BMG Ariola)
(plus Jazzkantine)

Henning Wehland und David Gappa / H-Blockx
Henning und David (beide geb. 1971) sind die Sänger / Shouter der 1990 gegründeten münsteraner H-Blockx, die mit ihrem Debut „Time to move" 1994 zu der deutschen Newcomerband schlechthin avancieren. Die folgenden Alben dokumentieren die Entwicklung der Band hin zu einer „progressiven Rockband, die Elemente aus allen möglichen Bereichen wie Punk, Grunge, Rap, Hardcore und Crossover einsetzt". Jüngst wurde „Fly eyes" auch in Amerika veröffentlicht (siehe www.hblockx.net).

Diskographie:
1994   H-Blockx: „Time to move" (BMG Ariola)
1995   H-Blockx: „Discover my soul" (BMG Ariola)
1998   H-Blockx: „Fly eyes" (BMG Ariola)
1999   H-Blockx: „Bang Boom Bang (Original Soundtrack)" (BMG Ariola)

Hipp Mathis / Die Aeronauten
1965 in Zürich geboren, war Christof „Hipp" Mathis zunächst Schlagzeuger der Band „Freds Freunde", bevor er mit Olifr M. Guz Die Aeronauten gründete, deren Bassist er seitdem ist. Die fünf Schweizer spielen ebenso intelligenten wie charmanten Gitarrenpop mit Soul und flotten Bläsern (siehe www.lado.de).

Diskographie:
1989 Freds Freunde: „Die gute Nachricht" (Tom Produkt)
1990 Freds Freunde: „Markus" (Tom Produkt)
1993 Die Aeronauten: „1:72" (Organik / L'Age D'Or)
1994 Die Aeronauten: „Ich wollt ich wär tot Bettina" (Organik)
1995 Die Aeronauten: „Gegen Alles" (Tom Produkt/ L'Age D'Or)
1997 Die Aeronauten: „Jetzt Musik" (Tom Produkt/ L'Age D'Or)
1998 Die Aeronauten: „Honolulu" (Tom Produkt/ L'Age D'Or)
2000 Die Aeronauten: t.b.a. (Tom Produkt/ L'Age D'Or)

Jan-Heie Erchinger / Jazzkantine
1968 in Beirut geboren, wächst Jan-Heie Erchinger in Braunschweig auf, lernt früh das Klavierspielen und spielt mit seinem Bruder Dirk in verschiedenen Bands. Mit dem Duo Blue Knights ist er in Amerika erfolgreich, zudem ist er Mitglied der Stammformation des Projektes Jazzkantine, einer mehrfach mit Awards ausgezeichneten Fusion aus Jazz und HipHop. Mit seinem Bruder Dirk kehrt er mit dem Projekt DeutschlandPhunk! zu seinen Soul- und Funk-Wurzeln zurück.
Heie hat das Lehramtsstudium im Fach Evangelische Religion beendet und lebt nun als Musiker und Produzent (siehe www.rapnation.de).

Diskographie:
1994 Jazzkantine: „Jazzkantine" (Rap Nation / BMG Ariola)
1995 Jazzkantine: „Geheimrezept" (Rap Nation / BMG Ariola)
      Jan-Heie Erchinger: „solo piano" (Rap Nation Records)
1996 Jazzkantine: „Frisch gepreßt und Live" (Rap Nation / BMG Ariola)
1998 Jazzkantine: „Geheimrezept" (Rap Nation / BMG Ariola)
1999 Jazzkantine: „Tanzzkantine" (Rap Nation / BMG Ariola)
      DeutschlandPhunk!: „DeutschlandPhunk!" (ZYX Records)
2000 Jazzkantine: „In Formation" (BMG Ariola)

Moby
Moby alias Richard Melville Hall (geb. 1965), Urur-Neffe des berühmten Schriftstellers Hermann Melville, gilt weltweit als der experimentierfreudigste DJ und Techno-Pionier. Nachdem er in der Punkband Flipper Gitarre und in der New Wave-Combo Ultra Vivid Scene Keyboards spielte, wird seine Solo-Debut-Single „Go" weltweit ein Dance-Hit. Seitdem veröffentlicht der bekennende Christ und Veganer extrem vielfältige Alben (siehe www.moby.org).

Diskographie:
1995 Moby: „Everything is wrong" (Mute / Intercord)
1996 Moby: „Animal Rights" (Mute / Intercord)

1997 Moby: „I like to score" (Mute / Intercord)
1999 Moby: „Play" (Mute / Intercord)

Sven Regener / Element of Crime
1961 in Bremen geboren, zieht es Sven Regener nach Berlin, wo er 1985 mit Jakob Friedrichs die Band Element of Crime gründet. Nach einigen englischsprachigen Alben entdeckt der Sänger, Trompeter und Gitarrist die deutsche Sprache für die EoC-Musik. EoC pendeln zwischen sprödem Charme und Chanson, zwischen Zirkuszelt und Rock, immer auf der Spur der kleinen – lt. Sven der „eigentlichen" – Abenteuer des Lebens (siehe auch www.element-of-crime.de).

Diskographie:
1986 Element of Crime: „Basically sad" (Polydor)
1987 Element of Crime: „Try to be mensch" (Polydor)
1988 Element of Crime: „Freedom, love and happiness" (Polydor)
1989 Element of Crime: „The ballad of Jimmy and Johnny" (Polydor)
1990 Element of Crime: „Live: Crime pays" (Polydor)
1991 Element of Crime: „Damals hinterm Mond" (Polydor)
1994 Element of Crime: „Weißes Papier" (Polydor)
     Element of Crime: „Dicte-moi la toi" (Polydor)
     Element of Crime: „An einem Sonntag im April" (Motor Music)
1996 Element of Crime: „Die schönen Rosen" (Motor Music)
1999 Element of Crime: „Psycho" (Motor Music)

Tachi Cevik / Fresh Familee
Im Alter von zwei Jahren kommt Tachi Cevik (geb. 1970) nach Deutschland, wo er in Ratingen aufwächst. Mit der zur ersten deutschsprachigen HipHop-Generation gehörenden Fresh Familee veröffentlicht der Rapper politisch engagierte Platten und wird Mitglied der Jazzkantine. Im Frühjahr 2000 erscheint sein Solo-Projekt Tachiles (siehe www.rapnation.de oder www.tachiles.de).

Diskographie:
1994 Fresh Familee: „Falsche Politik"
1996 Fresh Familee: „Alles Frisch" (BMG Ariola)
1998 Fresh Familee: „Wir sind da!" (BMG Ariola)
2000 Tachiles: „Formeln der Welt"
(plus Jazzkantine)

Tom Liwa / Flowerpornoes
Tom Liwa wird 1961 in Duisburg geboren. Mit seiner Band Flowerpornoes gilt er als Vorreiter des deutschsprachigen Undergrounds und Weg-

bereiter für Bands wie Blumfeld oder Die Sterne. Als Solokünstler mit wechselnden Begleitmusikern steht er in der Singer / Songwriter-Tradition Neil Youngs. Er arbeitete mit dem Tim Isfort Orchester, initiierte die Songwriter-Revue „Paradies der Ungeliebten" und produziert andere Künstler (z.B. Arnold Kant).

Diskographie:
1989   Flowerpornoes: „Pumpkin Tide & Stardust Kiddies" (Scratch'n'Sniff)
1990   Flowerpornoes: „As trivial as life and death" (Scratch'n'Sniff / EFA)
1993   Flowerpornoes: „Mamas Pfirsiche (für schlechte Zeiten)" (moll / EFA)
1995   Flowerpornoes: „Red nicht von Zügen, nicht von Straßen..." (moll / EFA)
1997   Flowerpornoes: „ich & ich" (moll / EFA)
1999   Tom Liwa: „Voeding" (Normal Mail Order) „Paradies der Ungeliebten.de" (What's so funny about)
2000   Tom Liwa: „St. Amour"

Xavier Naidoo
Nachdem der 1973 in Mannheim geborene Sänger auf zahlreichen Produktionen des Rödelheim-Hartreim-Projektes als Backgroundsänger fungiert hat, stellt Sabrina Setlur ihn auf ihrer Single „Freisein" erstmals der Öffentlichkeit vor. Xaviers Solo-Debut „Nicht von dieser Welt", eine bis dato ungehörte Form deutschen Soulgesangs mit stark religiös gefärbten Texten, hält sich über achtzig Wochen in den Charts und wird mit Doppelplatin ausgezeichnet; Xavier selbst erhält verschiedene Awards, die er aber „aus religiösen Gründen" nicht selbst entgegennimmt und stets wohltätigen Zwecken stiftet. Aufgrund des massiven Erfolgs seiner Tourneen wird 1999 das Live-Album veröffentlicht, während Xavier im Studio mit der Formation „Söhne Mannheims" arbeitet. Zudem ist Xavier auf nahezu allen 3p-Produktionen als Gastsänger zu hören (siehe auch www.3-p.de).

Diskographie:
1998   Xavier Naidoo: „Nicht von dieser Welt" (3p / Sony)
1999   Xavier Naidoo: „Live" (3p / Sony)

The King
Mit einem feuchtfröhlicher Abend begann die Karriere des Iren James Brown (geb. 1968) als Elvis-Impersonator; mittlerweile ist er als The King weltweit unterwegs, um ausschließlich Hits bereits verstorbener Rockle-

genden mit tiefem Elvis-Timbre im unverwechselbaren Graceland-Style wieder zum Leben zu erwecken (siehe www.emimusic.de).

Diskographie:
1998   The King: „Gravelands" (EMI Electrola)

Tilman Rossmy
Mit seiner Band „Die Regierung" veröffentlicht der 1958 in Essen geborene Sänger und Gitarrist Tilman Rossmy zwischen 1986 und 1994 vier Alben, mit denen die Band zum Kritikerliebling avanciert, zeit ihres Bestehens über den Ruf eines Insidertips jedoch nicht hinauskommt. Dennoch gilt die vom Ruhrgebiet nach Hamburg gezogene Band als ein maßgeblicher Wegbereiter dessen, was später die „Hamburger Schule" genannt wurde. Die Musiker der „Regierung" spielen jetzt u.a. bei Egoexpress, Stella und Superpunk; Tilman Rossmy lebt als Sänger / Songwriter in Hamburg und hat Alben unter eigenem Namen veröffentlicht. Im Frühjahr 2000 wird das Tilman Rossmy Quartett ein Album mit neu arrangierten Songs der „Regierung" veröffentlichen (siehe www.lado.de).

Diskographie:
1986   Die Regierung: „Supermüll"
19??   Die Regierung: „So allein"
1992   Die Regierung: „So drauf" (L'Age D'Or)
1994   Die Regierung: „Unten" (L'Age D'Or)
1996   Tilman Rossmy: „Willkommen zu Hause" (L'Age D'Or)
1997   Tilman Rossmy: „Selbst" (L'Age D'Or)
1998   Tilman Rossmy Quartett: „Passagier" (Glitterhouse)
2000   Tilman Rossmy Quartett: t.b.a.

Moses P.
1971 geboren, wächst Moses Pelham in Frankfurt-Rödelheim auf. Mit vierzehn beginnt seine Karriere als Rapper auf selbstgemixten „Pelham Power Tapes". Seine erste Solo-Single „Twilight Zone" wird ein Hit, das Debut-Album „Raining Rhymes" leidet jedoch darunter, daß Moses sich anderen Produzenten unterordnen muß. Daraufhin gründet er mit seinem langjährigen Freund das für den deutschen HipHop bahnbrechende „Rödelheim Hartreim Projekt" (RHP), avanciert mit Martin Haas zu einem der erfolgreichsten deutschen Produzenten-Duos und gründet seine eigene Produktionsfirma „Pelham Power Productions" und das Label „3p". Nach Erfolgen mit RHP, Schwester S./Sabrina Setlur und Xavier Naidoo veröffentlicht Moses P. 1998 sein Solo-Album „Geteiltes Leid I". Jenes wird im Zuge einer handfesten Auseinandersetzung mit Viva-Moderator Stefan Raab, als dessen beliebtestes Spottobjekt Pelham monatelang hatte

herhalten müssen, von weiten Teilen des Musikfernsehens boykottiert, untermauert jedoch Moses' Ruf, zu den besten deutschsprachigen Rappern zu gehören (siehe www.3-p.de).

Diskographie:
1989 Moses P.: „Raining Rhymes" (BMG Ariola)
1994 Rödelheim Hartreim Projekt: „Direkt aus Rödelheim" (MCA)
1995 Rödelheim Hartreim Projekt: „Live aus Rödelheim" (MCA)
1996 Rödelheim Hartreim Projekt: „Zurück nach Rödelheim" (MCA)
1998 Moses P.: „Geteiltes Leid I" (Sony)
2000 Moses P.: „Geteiltes Leid II" (Arbeitstitel)
sowie Produktionen und Gastauftritte bei anderen 3p-Künstlern

Rocko Schamoni
Geboren in Lütjenburg an der Nordsee, zieht Rocko Schamoni nach Hamburg und lebt und musiziert im Punk-Umfeld der Goldenen Zitronen. Mit deren Sänger Schorsch Kamerun unternimmt er elektronische Expeditionen als „Motion", gründet den Szene-Treff „Golden Pudel Club" und macht für das ZDF die nunmehr legendären „Pudel Overnight"-Sendungen. Außerdem studiert Rocko Kunst, er malt und veröffentlicht Solo-Alben (siehe www.trikont.de).

Diskographie:
1990 King Rocko Schamoni: „Jeans und Elektronik" (Polydor)
1991 King Rocko Schamoni: „Disco" (Polydor)
1996 Rocko Schamoni: „Galerie Tolerance" (Trikont)
1999 Rocko Schamoni: „Showtime" (Trikont)

Oliver Schneider (Such A Surge)
1968 in Braunschweig geboren, ist Oliver Schneider HipHopper der ersten Stunde; zunächst in der Old School-HipHop-Formation State of Departmentz, dann seit 1992 in der mehrsprachigen Crossover-Combo Such A Surge, die harte Metal-Riffs mit Rap mischt, noch bevor diese Fusion im Zuge des amerikanischen „Judgement Night"-Projektes populär wird. Während Such A Surge sich zu einer facettenreichen Rockband entwickelt haben, pflegt Oliver Schneider seine HipHop-Wurzeln nebenher mit dem Solo-Projekt „Originalton".

Diskographie:
1995 Such A Surge: „Under pressure" (Epic / Sony)
1996 Such A Surge: „Agoraphobic Notes" (Epic / Sony)
1998 Such A Surge: „Was Besonderes" (Epic / Sony)
2000 Such A Surge: „Der Surge-Effekt" (Epic / Sony)

Maxi Jazz / Faithless
Der charismatische Rapper ist Frontman des Londoner Erfolgsprojektes Faithless, das seit 1996 weltweit erfolgreichsten und wohl auch vielfältigsten Dance-Acts. In vielen seiner Texten drückt der bekennende Buddhist Kernelemente seines Glaubens aus, ohne jedoch dozieren zu wollen: Das Erleben der Musik steht im Mittelpunkt, und so gelten Faithless auch als einer der mitreißensten Live-Acts derzeit und befinden sich seit über drei Jahren fast ununterbrochen auf Welttournee (siehe www.intercord.de).

Diskographie:
1996   Faithless: „Reverence" (Cheeky Records / Intercord)
1998   Faithless: „Sunday 8 pm" (Cheeky Records / Intercord)

Nana
1968 in Ghana geboren, zieht Nana Kwama Abrovka nach der Trennung der Eltern mit seiner Mutter nach Hamburg-Steilshoop. Nach einer Verurteilung wegen einer gewalttätigen Auseinandersetzung wird er begnadigt und beginnt eine steile Musikkarriere im Kreise der Booya-Family um Erfolgsproduzenten Tony Cottura: kommerzieller Rap mit stark religiös gefärbten Texten. Sein mehrfach mit Echo Awards ausgezeichneter „Euro-Rap" findet schnell zahlreiche Nachahmer, während Nana selbst sich ein Jahr lang zurückzieht, um sich um seine Familie zu kümmern und an dem im Frühjahr 2000 erscheinenden dritten Album zu arbeiten (siehe auch www.booya.com).

Diskographie:
1997   Nana: „Nana"
1998   Nana: „Father"
2000   Nana: t.b.a.

Ice-T
Der in South Central, Los Angeles, aufgewachsene Rapper Ice-T (bürgerlich Tracy Marrow) ist maßgeblicher Wegbereiter des Gangsta-Rap. Ob solo oder mit seinem Crossover-Projekt „Bodycount" – in Amerika gehört er zu den umstrittensten Rappern, der nach Veröffentlichung des Stückes „Cop Killer" auch im Präsidentenwahlkampf als Haßobjekt herhalten mußte. Ice selber nennt seine Texte „faction": „factual situations put into fiction", lyrisch verdichtete Tatsachen.
Ice-T wirkte in mehr als einem Dutzend Spielfilmen mit, veröffentlichte 1994 das Buch „The Ice Opinion – who gives a fuck" (St. Martin's Press / Knaur Verlag) und gründete jüngst seine eigene Plattenfirma Coroner Records (siehe www.coronerrecords.com).

Diskographie:
- 1987   Ice-T: „Rhyme pays"
- 1988   Ice-T: „Power"
- 1989   Ice-T: „The iceberg: Freedom of speech… just watch what you say"
- 1991   Ice-T: „O.G. – Original Gangster"
- 1992   Bodycount: „Bodycount"
- 1993   Ice-T: „Home Invasion"
         Bodycount: „Born dead"
- 1996   Ice-T: „VI – Return of the real"
- 1998   Bodycount: „Violent demise"
- 1999   Ice-T: „The seventh deadly sin"
- 2000   Bodycount: t.b.a.

Fotonachweis

Cappuccino:
    Mathias Bothor / monofon
H-Blockx: BMG Berlin
Hipp Mathis – Aeronauten:
    Reto Klink / L'Age D'Or
Jan-Heie Erchinger:
    Thomas Nowak
Moby: Intercord
Sven Regener:
    Olaf Heine / Motor Music
Tachi Cevik:
    Thomas Nowak / monofon
Tom Liwa: Thorsten Goffin
Xavier Naidoo:
    3p Frankfurt

The King: Paul Postle / EMI
Tilman Rossmy:
    Andreas Schmidt Wiethoff
Moses Pelham:
    3p Frankfurt
Rocko Schamoni:
    Trikont
Oliver Schneider – Such A Surge:
    Olaf Heine / Such A Surge
Maxi Jazz – Faithless:
    Intercord
Nana: Olaf Heine / Booya
Ice-T: Bildarchiv Subway, Braunschweig

Matthias Schröder, geboren 1970 in Braunschweig, studierte nach dem Zivildienst in Göttingen und Canterbury die Fächer Theologie und Anglistik. Neben seinem Studium und seinem Referendariat in Dortmund arbeitet er seit Jahren als Musikjournalist für verschiedene Medien.

(Foto: Ilja Meß)